Rüdiger Liedtke | Laszlo Trankovits

111 Orte
in Kapstadt,
die man gesehen
haben muss

111

W0076313

emons:

Bibliografische Information der Deutschen Nationalbibliothek
Die Deutsche Nationalbibliothek verzeichnet diese Publikation
in der Deutschen Nationalbibliografie; detaillierte bibliografische
Daten sind im Internet über http://dnb.d-nb.de abrufbar.

© Emons Verlag GmbH
Alle Rechte vorbehalten
Layout: Eva Kraskes, nach einem Konzept
von Lübbeke | Naumann | Thoben
Kartografie: altancicek.design, www.altancicek.de
Kartenbasisinformationen aus Openstreetmap,
© OpenStreetMap-Mitwirkende, ODbL
Druck und Bindung: Hitzegrad Print Medien & Service –
Lensing Druck Gruppe, Feldbachacker 16, 44149 Dortmund
Printed in Germany 2017
Erstausgabe 2014
ISBN 978-3-95451-456-4
Aktualisierte Neuauflage März 2017

Unser Newsletter informiert Sie
regelmäßig über Neues von emons:
Kostenlos bestellen unter
www.emons-verlag.de

Vorwort

Wissen Sie, wo in Kapstadt wertvolle Edelsteine schlummern? Wo heute noch zur Mittagszeit geschossen wird? Und wo man mit der Harley-Davidson am Tresen einer Bar vorfahren kann? Wo ein Grabstein an das Pflanzensterben erinnert und wo einem Pinguine beim Baden begegnen?

Südafrika zählt mit weit über einer Million Touristen jährlich zu den attraktivsten Reisezielen weltweit, allein 300.000 Deutsche kommen pro Saison ans Kap. Die New York Times hat Kapstadt 2014 zur Nummer eins der beliebtesten Reiseziele ernannt. Kapstadt, die moderne und kreative Metropole am Tafelberg mit der bewegten Geschichte von Kolonialismus, Apartheid und Befreiung. Hier begann die europäische Besiedlung Südafrikas – mit allen Konflikten. Hier haben die Weißen auf dem Höhepunkt der Rassentrennung einen ganzen Stadtteil ausradiert, hier hat aber auch Nelson Mandela nach seiner Freilassung das neue Südafrika ausgerufen. Und Desmond Tutu, einst Erzbischof von Kapstadt, hat hier die Regenbogennation beschworen, ein Land, in dem Weiße, Schwarze, Farbige und Inder friedlich miteinander leben können.

Aber wussten Sie, dass es in der Kapregion bis heute nur ein einziges von schwarzen Südafrikanern geführtes Weingut gibt? Dass man hier mitten in der Stadt vier Friedensnobelpreisträgern begegnet? Und dass man in Nelson Mandelas Gefängnis zu Mittag essen kann? Dass die Region nicht nur über endlos lange Strände, atemberaubende Landschaften und malerische Weingüter verfügt, sondern dass hier auch der Cape Town Jazz kreiert wurde, eine lebendige Theaterszene existiert und vor Jahren Medizingeschichte geschrieben wurde?

Kapstadt und die Kapregion zählen zu den schönsten Flecken der Erde – mit vielen Highlights und jeder Menge Überraschungen abseits der klassischen Sehenswürdigkeiten. »111 Orte in Kapstadt, die man gesehen haben muss« zeigt Kapstadt und seine Umgebung von ihrer spannendsten Seite.

111 Orte

1 ___ Der African Music Store
Ein Kontinent präsentiert sich im Plattenladen | 10

2 ___ Das Amadoda
Ein Stück Township im weißen Woodstock | 12

3 ___ Das Aquarium
Unterwasserwelten zweier Ozeane | 14

4 ___ Die Auwal-Moschee
Das älteste Gotteshaus der Kap-Malaien | 16

5 ___ Der Bahnhof
Aussteigen auf dem Weg nach Simon's Town | 18

6 ___ Die Bascule Bar
Afrikas größte Whisky-Auswahl | 20

7 ___ Der Baumpfad
In den Wipfeln des Botanischen Gartens | 22

8 ___ Das Baxter
Kapstadts vielseitigste Bühne | 24

9 ___ Der Bay Harbour Market
Ein Markt in Feierlaune | 26

10 ___ Der Bloubergstrand
Sonnenuntergang vorm Tafelberg | 28

11 ___ Der Blumenmarkt
Immer frische Blumen in der Adderley Street | 30

12 ___ Das Bo-Kaap
Der bunte Stadtteil Kapstadts | 32

13 ___ Die Buchhandlung
Bei Naumanns gibt es deutsche Bücher | 34

14 ___ Der Campus
Eine Universität reich an Schätzen | 36

15 ___ Der Canal Walk
Südafrikas größtes Einkaufszentrum | 38

16 ___ Das Cape to Cuba
Hafenlokal mit einer Hommage an Che Guevara | 40

17 ___ Das Casino
Der Glücksspielpalast und die Eisbahn | 42

18 ___ Der Chapman's Peak
Spektakulärer Pass mit einzigartiger Aussicht | 44

19 Die City-Farm
Grüne Landwirtschaft inmitten der Stadt | 46

20 Der Clock Tower
Hier residierte einst der Hafenkapitän | 48

21 Die Crypta
Unter der Hauskirche von Desmond Tutu wird gejazzt | 50

22 Das Design Center
In Montebello Künstlern bei der Arbeit zusehen | 52

23 Der De Waal Park
Grüne Oase unterhalb des Molteno-Reservoirs | 54

24 Das De Waterkant
Turbulentes Nachtleben nicht nur für Schwule | 56

25 Das Diamantenhaus
Ins Hugenotten-Haus zum Diamantenschleifen | 58

26 Die Disa-Park-Türme
Hier prallen die Ansichten aufeinander | 60

27 Das District Six Museum
Ein finsteres Kapitel der Apartheid | 62

28 Das »Evita se Perron«
Ein Theater für Pieter-Dirk Uys | 64

29 Die Filmstadt
In Kapstadt entsteht ganz großes Kino | 66

30 Der Flohmarkt
In Milnerton gibt es eigentlich alles | 68

31 Der Freimaurertempel
Architektur-Juwel hinter dem Parlament | 70

32 Das Fugard Theatre
Moderne Bühne gegen Rassismus | 72

33 Die Galerien-Meile
Fundgrube für Kunstliebhaber | 74

34 Das Gandhi-Denkmal
In der Uni trifft man auf den großen Inder | 76

35 Die Gräber Peers
Höhlen mit menschlichen Spuren aus der Steinzeit | 78

36 Der Grabstein
In Kirstenbosch wird ausgestorbener Pflanzen gedacht | 80

37 Das Grand Café
Entspannen direkt am Strand | 82

38 Das Grand Daddy
Auf dem Dach übernachten | 84

39___ Das Hai-Denkmal
Bewegte Skulptur auf Hightech-Basis | 86

40___ Der Heritage Square
Ein Block voller Überraschungen | 88

41___ Die Imhoff-Farm
Drei Dutzend Läden unter einem Dach | 90

42___ Das Irma Stern Museum
Der exzentrische Lebensstil der großen Künstlerin | 92

43___ Das Kap
Einmal am Kap der Guten Hoffnung sein | 94

44___ Die Kaphäuser
Architektur und Lebensstil am Kap | 96

45___ Das Kastell
Im Castle of Good Hope die Kolonialzeit erspüren | 98

46___ Die Katakomben
Geheimnisvolle Unterwelt der Innenstadt | 100

47___ Die Khayelitsha Mall
Shoppen in den Cape Flats | 102

48___ Das Kolonialdenkmal
Hier wird Vasco da Gama gedacht | 104

49___ Die Kolonialhäuser
Flanieren durch viktorianisches Ambiente | 106

50___ Das Labia
Kapstadts ältestes Kino lebt | 108

51___ Das Labour Museum
Die Geschichte der Aufstände und Streiks | 110

52___ Das Langa-Kulturzentrum
Kunst und Musik in der Township | 112

53___ Der Leopard
Wie das Raubtier auf den Felsen kam | 114

54___ Der Leuchtturm
Die Seemarke am Green Point | 116

55___ Das Löwengehege
Wilde Tiere in Vredenheim | 118

56___ Das Maritime Centre
Bemerkenswertes zur Seefahrt Südafrikas | 120

57___ Die Marmortreppe
Nelson Mandelas großer Auftritt nach der Freilassung | 122

58___ Die Meerwasserpools
Relaxed schwimmen im Angesicht der Wellenbrecher | 124

59 Das M'hudi
Das einzige Weingut in schwarzer Hand | 126

60 Das Motormuseum
Oldtimer inmitten der Winelands | 128

61 Das Musik-Café
Pop, Avantgarde und die beste Pizza in Town | 130

62 Das Mutual Heights
Afrikas erstes Hochhaus ist reinstes Art déco | 132

63 Das Mzoli's
Braii beim Fleischer von Gugulethu | 134

64 Die Nationalbibliothek
Sich zurückziehen in den historischen Lesesaal | 136

65 Der Nobel Square
Die vier Friedensnobelpreisträger Südafrikas | 138

66 Die Noon Gun
Seit 1806 wird zur Mittagszeit geschossen | 140

67 Die Oase
Sich niederlassen im Company's Garden | 142

68 Das Observatorium
Unter Kapstadts Himmel nach den Sternen greifen | 144

69 Die Old Biscuit Mill
Samstags zum Szene-Markt nach Woodstock | 146

70 Der Operationssaal
Hier hat Professor Barnard das erste Herz verpflanzt | 148

71 Die Orgel
In der Groote Kerk den alten Meistern lauschen | 150

72 Die Oude Bakkerij
Sie gilt als die beste Bäckerei am Kap | 152

73 Das Panama Jacks
Ausgefallenes Fischrestaurant tief im Hafen | 154

74 Die Panoramastraße
Hier begegnet man wilden Pavianen | 156

75 Die Pinguin-Klinik
Hier wird Vögeln in Not geholfen | 158

76 Das Plateau
Genießen auf dem Tafelberg | 160

77 Der Plenarsaal
Große Bühne einer wechselvollen Geschichte | 162

78 Das Pollsmoor
Zu Mittag essen in Mandelas Gefängnis | 164

79 —— Die Rennbahn
Auf Pferde wetten vor den Toren der Stadt | 166

80 —— Der Revolver
Mahnmal gegen die Gewalt | 168

81 —— Das Rhodes Memorial
Rasten zu Füßen des politischen Visionärs | 170

82 —— Das Rugby-Museum
Hier wird den Springboks gehuldigt | 172

83 —— Das Rust en Vreugd
Die Kap-Architektur des 18. Jahrhunderts | 174

84 —— Das San-Zentrum
Das alte Land der Buschmänner | 176

85 —— Das Seven Memorial
Gedenken an die Opfer des Staatsterrors | 178

86 —— Der Signal Hill
Mit dem Auto hoch über die Stadt | 180

87 —— Die Sklavenkirche
Wo Sklaven Christen werden mussten | 182

88 —— Der Slangkop Point
Der höchste Leuchtturm steht kurz vorm Kap | 184

89 —— Die Sommerrodelbahn
Cool-Runnings-Rodeln auf Afrikanisch | 186

90 —— Der Souvenir-Garten
Lebensgroße Mitbringsel am Straßenrand | 188

91 —— Die »Sprungschanze«
Autobahn ins Nichts | 190

92 —— Der Steinbruch
Sträflingsarbeit auf Robben Island | 192

93 —— Der Strand der Pinguine
In Boulders einem Naturwunder beiwohnen | 194

94 —— Die Strandhäuschen
Die farbigen Umkleidekabinen der Apartheid | 196

95 —— Die Straußenfarm
Am Nationalpark trifft man auf die Riesenvögel | 198

96 —— Die Synagoge
Jüdisches Leben am Kap | 200

97 —— Das Taal-Monument
Denkmal für die Sprache Afrikaans | 202

98 —— Die Terrasse
Ins Mount Nelson zur blauen Stunde | 204

99 — Die Test-Küche
Ein kleines Restaurant mit großem Ruf | 206

100 — Das Theatre on the Bay
In Camps Bay trifft sich auch die Avantgarde | 208

101 — Die Tretmühle
Folterwerkzeuge im Breakwater Lodge | 210

102 — Das Türkische Bad
Seit hundert Jahren Badespaß | 212

103 — Das Vergelegen
Das Weingut und die Sklaverei | 214

104 — Das Waterkloof
Das Restaurant im riesigen Glaskubus | 216

105 — Die Weinroute
Die Weingüter jenseits des Tafelbergs | 218

106 — Der Wein-Zug
In der historischen Bahn durch die Weinberge | 220

107 — Der Weiße Kreis
Der Mittelpunkt der Stadt | 222

108 — Der Wilderer
Der berühmteste Schnapsbrenner ist Deutscher | 224

109 — Das Wildreservat
Afrikas Tierwelt unweit von Kapstadt | 226

110 — Das WM-Stadion
Als wäre am Green Point ein Ufo gelandet | 228

111 — Das Zip Zap
Integration auf spielerische Weise | 230

1 Der African Music Store

Ein Kontinent präsentiert sich im Plattenladen

»Music Heaven since '97« – so lange gibt es den African Music Store in der Long Street, und seither ist der Laden das Nonplusultra für afrikanische Musik. Eine größere Auswahl an CDs aller Stilrichtungen des Kontinents findet man in Kapstadt nicht. Betritt der Kunde das Geschäft – das sich schon von Weitem akustisch ankündigt –, taucht er in einen Klangteppich afrikanischer Rhythmen, die ihn nicht mehr loslassen. Es ist so laut, dass man dicht ans Ohr eines der äußerst kompetenten Verkäufer treten muss, um seinen CD-Wunsch anzubringen. Man kann aber auch in den zahlreichen Regalen stöbern, so lange man will, ohne etwas kaufen zu müssen.

Der Besucher erhält einen perfekten Überblick über die afrikanische Musikszene – von Cape Town Jazz über klassische afrikanische Musik bis zu House, Dance und Hip-Hop. Und natürlich dessen Variante Kwaito, die aus den Townships heraus die Stadt erobert hat. Ebenfalls sehr zu empfehlen sind die afro-kubanische Abteilung und das reichhaltige Angebot an Reggae-Platten. Wenn man auf seinem Südafrikatrip irgendwo Musik hört, die man gerne kaufen und mit nach Hause nehmen möchte: den Titel notieren und dann im African Music Store erwerben. Hier gibt es nahezu alles. Neben CDs und DVDs führt der bunte Laden auch allerlei Souvenirs. Von ausgefallenen Kleidungsstücken bis zu afrikanischen Musikinstrumenten.

So wie im Music Store swingt es an vielen Orten Kapstadts – am liebsten live. Die Stadt besitzt eine äußerst kreative Club- und Jazz-Szene, Livemusik ist allgegenwärtig. Teil dieser Szene sind viele südafrikanische Größen des Jazz, die während der Apartheid im Exil gelebt haben, wieder in ihre Heimat zurückgekehrt sind und heute regelmäßig Konzerte geben. Wie der große Cape-Town-Jazzer Abdullah Ibrahim, der in Kapstadt lebt und hier eine Akademie zur Ausbildung junger südafrikanischer Musiker gegründet hat.

Adresse 134 Long Street, City, Kapstadt 8001, Tel. +27/214260857, www.africanmusicstore.co.za | **Anfahrt** unweit des Greenmarket Squares auf der Mitte der Long Street; Bus 101, Haltestelle Longmarket; »Hop on-hop off«-Bus, Haltestelle Long Street | **Öffnungszeiten** Mo–Fr 9–18 Uhr, Sa 9–14 Uhr | **Tipp** Es gibt buchbare Musiktouren durch die Clubs der Stadt: die Cape Town Jazz Safari oder die Cape Town Reggae Route (Veranstalter: Coffeebeans Routes, www.coffeebeansroutes.com).

2__Das Amadoda

Ein Stück Township im weißen Woodstock

Dieses schrille Lokal erinnert an Zeiten, in denen in Südafrikas Metropolen solche Kneipen politische Bedeutung hatten. Auch wenn das Amadoda erst 2007 eröffnete, hält es die Erinnerung an die bewegte Geschichte des Landes lebendig. Das Amadoda gilt noch immer als Geheimtipp, auch erkennbar an der sehr geringen Zahl von Touristen, die sich hierher, in den hinteren Winkel Woodstocks, verirren. In dieser phantasievoll bemalten Kneipe mit der alten Jukebox und den Billardtischen dröhnen Reggae, Hip-Hop oder Elektro aus den Boxen, und die Braai-Spezialitäten werden grundsätzlich ohne Messer und Gabel gegessen. Kellner gibt es ohnehin keine.

Ein Stück Township in die früher fast völlig von Weißen bewohnte Stadt zu bringen – das war der Gedanke, als dieses Lokal entstand. In den Zeiten der Apartheid existierte so manche Kneipe an den Rändern Kapstadts, die verboten oder ohne Konzession war – rare Treffpunkte schwarzer Arbeiter und Studenten sowie weißer Anti-Apartheid-Bürger. In Lokalen wie dem legendären Don Pedro's gab es literarische Lesungen und politische Veranstaltungen – aber auch Partys, Tanz und Musik. Im nicht weit entfernten Amadoda ist diese rebellische Stimmung heute noch spürbar. Hier treten oft junge afrikanische Avantgarde-Jazzer oder südafrikanische Kwaito-Musiker auf, überall liegen politische Flugblätter aus.

Vieles verweist darauf, dass hier sehr politische Gastwirte am Werk sind. »Amadoda« ist auf Xhosa das Wort für »Männer« – angeblich das einzige Wort dieser Sprache, in dem die Silbe »mad« (englisch: »verrückt«) vorkommt, abgesehen von »Madiba«, dem Stammesnamen von Nelson Mandela.

Folgerichtig heißt auch das Unternehmen, das hinter dem Amadoda steht, »Mad World«. Für manche vielleicht ein bisschen viel Symbolismus – aber auch ein Zeichen dafür, dass es sich hier um mehr als nur eines der unzähligen originellen Lokale Kapstadts handelt.

Adresse 1 Strand Street, Woodstock, Kapstadt 7915, Tel. +27/214472133, www.amadoda.co.za | **Anfahrt** mit dem Pkw aus der City kommend in die Newmarket Street (R 102), dann in die Albert Road, links in die Railway Street, 1. links in die Strand Street; Bus 102, Haltestelle Kent Street oder Woodstock Station, etwa 10 Minuten Fußweg | **Öffnungszeiten** Mo–Do 12–21 Uhr, Fr–So 12–2 Uhr | **Tipp** Das Ashanti Design, 133–135 Sir Lowry Street, ist ein Laden mit afrikanischen Handarbeiten und ungewöhnlichen Souvenirs.

3 __ Das Aquarium

Unterwasserwelten zweier Ozeane

Ein solches Aquarium gibt es weltweit nur in Südafrika, dem Land, an dessen südlichster Spitze sich der kühle Atlantische und wärmere Indische Ozean begegnen. Entsprechend präsentiert das 1995 eröffnete Two Oceans Aquarium an der Waterfront, dem großzügig renovierten Hafenviertel, die faszinierenden Bewohner beider Meere. Auf über 4.000 Quadratmetern Fläche gibt es in mehr als 30 Becken über 300 Fischarten zu sehen, darunter Haie und Rochen, außerdem Seepferdchen, Reptilien, Riesenschildkröten, Seerobben und Pinguine. Man kann aus den unterschiedlichsten Perspektiven in diese Unterwasserwelt eintauchen.

Besonders beeindruckend ist der zwei Millionen Liter fassende Open Ocean Tank, ein Riesenbassin, das über zwei Stockwerke reicht und von einer knapp 30 Meter dicken Acrylglasscheibe geschützt ist. Hier begegnet man mächtigen Sandtigerhaien und zahlreichen riesigen Rochen. Unter fachmännischer Anleitung kann der Besucher Tauchgänge absolvieren, es genügen ein Tauchschein und entsprechende Erfahrung. Aber es ist auch möglich, sich in einem Schnellkurs für einen Tauchgang schulen zu lassen. Doch den meisten Besuchern reicht es schon, bei der Fütterung der Raubtiere mit den scharfen Zahnreihen zuzusehen. Im Seetang-Wald, dem Living Kelp Forest, wird die Unterwasserwelt real widergespiegelt. Eine Attraktion sind auch die riesigen Spider Crabs.

Das Two Oceans Aquarium wird privat betrieben durch die V&A Waterfront Holdings Ltd. 2006 wurde die 1991 eröffnete Waterfront nach einer ökonomisch kritischen Situation für 1,3 Milliarden Euro an ein britisch-arabisches Konsortium veräußert; damals der größte Immobilientransfer, der je in Südafrika getätigt wurde. Doch 2012 kauften die südafrikanische Investmentgesellschaft Growthpoint und die staatliche Pensionsgesellschaft PIC die Waterfront zurück. Geplant ist nun, das Areal bis nach Green Point zu erweitern.

Adresse Two Oceans Aquarium, Dock Road, V&A Waterfront, Kapstadt 8002, Tel. +27/214183823, www.aquarium.co.za | **Anfahrt** zur Waterfront; Bus 104, Haltestelle Aquarium; »Hop on-hop off«-Bus, Haltestelle Aquarium | **Öffnungszeiten** täglich 9.30–18 Uhr, Dez. und Jan. bis 19 Uhr | **Tipp** Eine Fahrt im nahen Riesenrad bietet noch einmal einen völlig anderen Blick auf die Waterfront und den Hafen Kapstadts.

4 Die Auwal-Moschee

Das älteste Gotteshaus der Kap-Malaien

Die älteste Moschee Südafrikas sei bis heute »ein Symbol für den Kampf der Muslime am Kap um die Anerkennung des Islam und ihrer Freiheit«, heißt es in der Selbstbeschreibung. Die Formulierung verweist auf den Behauptungswillen der Moslems in Kapstadt, die wie alle anderen Minderheiten auch bis in die Neuzeit hinein erhebliche Probleme mit den jeweiligen Machthabern hatten.

Die Moschee wurde 1798 auf dem Grundstück von Coridon van Ceylon errichtet. Der befreite Sklave war der erste Kap-Malaie überhaupt, der eigenes Land besaß. Er stammte, wie die meisten Moslems am Kap, aus Südostasien, von wo die Kolonialherren Sklaven herangeschafft hatten, um den Mangel an Arbeitskräften zu beheben. Bis der Muezzin von dem zunächst offiziell als Lagerhaus konzipierten Bau lautstark zum Gebet rufen durfte, vergingen viele Jahre, denn die dominierende niederländisch-reformierte Kirche kannte gegenüber anderen Glaubensrichtungen – zumal nicht christlichen – keinerlei Toleranz.

Die Auwal-Moschee liegt inmitten des malerischen Bo-Kaap-Viertels. Trotz des Zuzugs eines bunt gemischten Völkchens wird dieser Stadtteil von Moslems dominiert. Aber auch eine Reihe jüdischer Familien wohnt hier traditionell, Konflikte zwischen den beiden Minderheiten gab es in der jahrhundertelangen Geschichte des Zusammenlebens sehr wenige. Elf Moscheen befinden sich heute im Bo-Kaap und dem benachbarten Stadtzentrum. Die größte von ihnen ist die 1850 gebaute Jamia-Moschee in der Lower Chiappini Street – sie war das erste Gotteshaus der Moslems, das die britischen Kolonialherren genehmigten. Deshalb hat dieses Gebäude mit den weithin sichtbaren Minaretten auch einen zweiten Namen: Queen-Victoria-Moschee. Manch andere islamische Gebetshäuser unterscheiden sich kaum von den umliegenden Wohnhäusern, wie beispielsweise die Palm-Tree-Moschee in der Long Street, die zweitälteste Moschee Kapstadts.

Adresse 39 Dorp Street, Bo-Kaap, Kapstadt 8001, www.auwalmasjid.co.za | **Anfahrt** Seitenstraße von der Buitengracht Street, parallel zur Wale Street; Bus 101, Haltestelle Church oder Leeuwen Street; »Hop on-hop off«-Bus, Haltestelle Jewel Africa | **Öffnungs-zeiten** täglich 10–17 Uhr, Gebetszeiten 13, 15.30 und 18 Uhr, jeweils eine Stunde | **Tipp** Ein orientalischer Gemischtwarenhändler, ein Paradies für Köche und Gewürzfans, findet sich in der Atlas Trading Company, 94 Wale Street.

5__Der Bahnhof

Aussteigen auf dem Weg nach Simon's Town

Entschließt man sich zu einer Zugfahrt von Kapstadt nach Simon's Town im lokalen Bahnnetz der Cape MetroRail, sollte man sich am modernen Kapstädter Hauptbahnhof, wo alle regionalen und überregionalen Züge ihren Ausgangspunkt haben, unbedingt ein Erste-Klasse-Ticket kaufen. Die Karten sind nur unwesentlich teurer als die der zweiten Klasse, man sitzt aber besser, wenngleich immer noch recht spartanisch. Vor allem ist die erste Klasse nicht so überfüllt. Man sollte außerdem darauf achten, einen Wagen zu erwischen, in dem sich die Fenster seitlich aufschieben lassen, damit man auf der Teilstrecke ab den Zandvlei-Lakes einen guten Blick auf die Küstenstrecke hat. Aus den Fenstern, die sich nur auf halber Front herunterziehen lassen, kann man lediglich im Stehen schauen, denn die meisten Scheiben sind aus Hartplastik, meist verdreckt, verklebt, besprüht oder blind.

Hat man die zahlreichen unattraktiven Vorortstopps hinter sich gelassen, lohnt eine Pause in Muizenberg. Der 1912 im spätviktorianischen Stil erbaute Bahnhof mit seiner roten Ziegelsteinfassade und dem markanten Turm, der dem ursprünglichen Bahnhofsgebäude von 1881 folgte, ist sehenswert. Bereits 1864 war die Strecke Kapstadt–Wynberg eröffnet worden, die schließlich bis Simon's Town verlängert wurde. Auch im Bahnhof Muizenberg waren während des Apartheidregimes die Eingänge durch Schilder strikt nach Weißen und Nichtweißen getrennt, wie auch die einzelnen Waggons der Züge. Ende des 19. Jahrhunderts hatte sich Muizenberg – 1743 als Militärposten vom holländischen Offizier Wynard Muijs gegründet und in der Schlacht von Muizenberg 1795 den Holländern von den Briten entrissen – zu einem mondänen Seebad entwickelt, von dem noch heute die Architektur viktorianischen Stils zeugt. Nicht weit vom Bahnhof tut sich am langen Sandstrand ein exzellentes Refugium für Surfer mit zahlreichen Surfschulen auf.

Adresse Main Road, Muizenberg, Kapstadt 7945 | **Anfahrt** aus Kapstadt kommend mit dem Pkw über die M 3/M 4; Metrorail rote Linie, Haltestelle Muizenberg | **Tipp** Unbedingt lohnenswert ist der »Muizenberg-St. James Walk«, ein etwa 20-minütiger Spaziergang zwischen Eisenbahnschienen und Meer von Muizenberg nach St. James.

6_ Die Bascule Bar

Afrikas größte Whisky-Auswahl

Es gibt einige attraktive Bars mit Terrassen rund um die Waterfront – aber keine mit einem solch einzigartigen Schatz an Whiskysorten aus aller Welt. Die Bascule Bar im Hotel Cape Grace wirbt mit der »größten Whiskyauswahl der südlichen Hemisphäre« und dem einzigen »Whisky-Sommelier« des Kontinents.

Über 500 Sorten stehen im Angebot der Bar, die nicht zuletzt von den Gästen der vielen Yachten im Hafen besucht wird, die wenige Meter entfernt vor Anker liegen. Viele Gäste haben hier eine eigene abschließbare Vitrine oder Box für ihre Whisky-Lieblingssorten, versehen mit einer Plakette und ihrem eingravierten Namen.

Selbst außerhalb der Saison zwischen Mai und Oktober drängelt sich an den Tresen der Bar und auf der Terrasse oft schon am frühen Abend ein Publikum, das offenbar nicht auf den Cent achten muss. Hier genießt es den Sonnenuntergang, jeden Freitag und zuweilen an anderen Abenden untermalt von der Livemusik einer Jazzband oder eines jungen Barsängers.

Nicht nur Mitgliedern des exklusiven »Whisky Member Clubs« bietet die Bascule Bar nach Vorbestellung diverse Whisky-Menüs an: Die ausgefallene Küche des Hotelrestaurants Signal kreiert mehrere Gänge, abgestimmt auf verschiedene Whiskysorten. Zuweilen gibt es auch Whisky-Proben im kleinen Kreis, bei denen eher seltene Sorten kredenzt werden – begleitet von Häppchen mit Thunfisch, Gorgonzola oder Schokoladen-Trüffeln.

Für ein Glas des teuersten Single Malt Whiskys der Bar, eines 50 Jahre alten Glenfiddichs, müssen stolze 1.200 Euro gezahlt werden, allerdings gibt es natürlich auch alle gängigen Sorten zu üblichen Barpreisen. Der in Schottland ausgebildete Whisky-Sommelier informiert gerne über seltene Sorten und ungewöhnliche Hersteller. Nicht ohne Stolz demonstriert er auch die erstaunliche Qualität südafrikanischer Whiskymarken wie beispielsweise »Bain's«. Kein Wunder, dass der Whisky vom Kap mehrfach ausgezeichnet wurde.

Adresse Cape Grace Hotel, West Quay Road, V&A Waterfront, Kapstadt 8002, Tel. +27/214107100, www.capegrace.com | **Anfahrt** zur Waterfront; Bus 104/106/107, Haltestelle Amsterdam; »Hop on-hop off«-Bus, Haltestelle Aquarium | **Öffnungszeiten** täglich 10–1 Uhr | **Tipp** Die V&A Waterfront Historical Walking Tour informiert über die Zeit, bevor die Waterfront zum glitzernden Einkaufs- und Vergnügungszentrum wurde. Touren täglich ab 11 Uhr vom Chavonnes Battery Museum (Tel. +27/214166230).

7 Der Baumpfad

In den Wipfeln des Botanischen Gartens

Seit über 100 Jahren lockt der Botanische Garten Kirstenbosch Einheimische wie Touristen mit herrlichen Spazierwegen durch dichtes Gehölz und gepflegte Gärten, dem atemberaubenden Blick auf den Tafelberg und der enormen Pflanzen- und Blumenvielfalt. Etwa 700.000 Menschen kommen jährlich auf dieses malerische Gelände, das der Unternehmer und Politiker Cecil Rhodes kurz vor seinem Tod 1902 dem Staat geschenkt hat.

Seit 2014 können Besucher Fauna und Flora am Kap aus einer neuen Perspektive erforschen: Der »Centenary Tree Canopy Walkway«, ein 130 Meter langer Hochsteg durch die Wipfel teilweise uralter Bäume, eröffnet eine neue Nähe zu den exotischen Vögeln in diesem Naturparadies. Überwältigend ist der Blick von der Höhe in die weite Parklandschaft unterhalb des Tafelbergs und die Table Bay Bucht vor Kapstadt und den nördlichen Vororten.

»Boomslang« (Baumschlange) nennen die Kapstädter die faszinierende Konstruktion aus Holz und Stahl. Der zuweilen leicht schwankende Panoramaweg führt in luftiger Höhe halbkreisförmig zwischen Bäumen und Baumwipfeln hindurch. Geschickt haben die Architekten die jeweils sechs Meter langen Stahlelemente des »Spazierwegs« in diesen dicht bewachsenen Teil des Botanischen Gartens integriert. Der Hochsteg nahe des Protea-Gartens ist sogar für Rollstuhlfahrer geeignet. Architekt Mark Thomas betonte bei der festlichen Eröffnung des »Jahrhundertwegs« aus Anlass des 100. Jahrestags des Botanischen Gartens, wie weltweit einzigartig dieser Pfad durch die Baumwipfel sei.

Die mehr als 15 Kilometer langen, gepflegten Wege Kirstenboschs erlauben mehrstündige, abwechslungsreiche Spaziergänge – häufig gibt es hier Ausstellungen junger südafrikanischer Künstler. Der Botanische Garten ist aber auch für sportliche Besucher ein reizvoller Ausgangsort für Wanderungen in das Naturschutzgebiet hinauf zum Tafelberg.

Adresse Botanical Gardens, Rhodes Drive, Newlands, Kapstadt 7735, Tel. +27/217998783, www.sanbi.org/gardens/kirstenbosch | **Anfahrt** mit dem Pkw von Kapstadt über die M 3, Ausfahrt Kirstenbosch; Bus Golden Arrow, Route Mowbray – Kirstenbosch, Haltestelle Kirstenbosch; »Hop on-hop off«-Bus, Haltestelle Kirstenbosch | **Öffnungszeiten** Sept. – März täglich 8 – 19 Uhr, April – Aug. täglich 8 – 18 Uhr | **Tipp** Viele gepflegte Rasenflächen laden zum Picknick ein. Im »Tee Room Restaurant« kann man auch einen Picknickkorb bestellen.

8 Das Baxter

Kapstadts vielseitigste Bühne

»The Baxter«, wie die Kapstädter das Theater im Uni-Viertel Rondebosch nennen, ist ein für die Stadt wichtiges soziales und kulturelles Zentrum. Für Theater, Kabarett, klassische Musik, Pop, Jazz, Tanz und Ballett stehen fünf Bühnen zur Verfügung, die größte mit 666 Plätzen. Jährlich finden hier Theater-, Comedy- und Tanz-Festivals statt. Aber in den Studios und Nebenräumen lernen, üben und experimentieren auch Studenten und Theaterschüler. Es gibt Workshops für Laien, auch für Kinder. Das »Ikhwezi Outreach«-Programm will sozial Schwächeren in den Townships Kultur näherbringen. Häufig spielen schon am Nachmittag im Baxter-Hochgarten des architektonisch raffinierten mehrstöckigen Backsteingebäudes Jazzbands. Manchmal wird daraus eine spontane Jamsession der Musiker, die gerade da sind.

Das Baxter will mehr als nur eine kulturelle Elite ansprechen, das wird sogar in der Gastronomie deutlich: Es gibt eine lange Tapas- und Weinbar, ein unprätentiöses »grab and go«-Restaurant, aber auch das gediegene »Act«-Restaurant, das vor den Vorstellungen Dinner-Menüs serviert. Das Baxter darf sich trotz der oft lässigen Atmosphäre rühmen, eine wichtige Spielstätte für politisches und avantgardistisches Theater zu sein.

Seit der Eröffnung 1977 versteht sich das Haus als »Heimstätte progressiven südafrikanischen Theaters«. Benannt wurde es nach Kapstadts Ex-Bürgermeister William D. Baxter (1868–1960) – der gebürtige Schotte vermachte der Universität eine Menge Geld, allerdings mit der Bedingung, es vor allem für die Kultur auszugeben. Insbesondere während der Apartheid galt das Baxter als wichtige Alternative zum staatlichen Artscape Theatre Centre, wo zahlreiche Stücke regelmäßig vom Regime zensiert oder vom Spielplan genommen wurden. Das universitätseigene Baxter Theatre konnte sich auf seine »akademische Freiheit« berufen und immer wieder regimekritische Stücke präsentieren.

Adresse Baxter Theatre Centre, 2 Main Road, Rondebosch, Kapstadt 7701, Tel. +27/216857880, www.baxter.co.za | **Anfahrt** mit dem Pkw über die N 2 (Nelson Mandela Boulevard), dann rechts M 3, Ausfahrt 7, links Woolsack Drive, am Ende der Straße rechts in die Baxter Road, links in die Burg Road, links in die Main Road; Bus Golden Arrow, Haltestelle Baxter Theatre; Metrorail, rote Linie, Haltestelle Rondebosch | **Öffnungszeiten** je nach Veranstaltung, Bürozeiten 9–13 und 14–17 Uhr | **Tipp** Der kleine Park Rondebosch Common in Rosebank lohnt einen Besuch. Hier gibt es die vom Aussterben bedrohten »Cape Flats Sand Fynbos«.

9__Der Bay Harbour Market

Ein Markt in Feierlaune

Der größte und betriebsamste Fischereihafen der Kap-Halbinsel findet sich in Hout Bay, einem reizvollen Ort mit 20.000 Einwohnern, der zu Kapstadt gehört. Der Niederländer Jan van Riebeck, der 1652 einen Hafen in der Tafel Bay angelegt hatte, hörte von dem reichen Holzvorkommen in der nahen Bay und ließ sie von seinen Leuten erschließen (Hout heißt im Holländischen »Holz«).

Seit über hundert Jahren ist Hout Bay in erster Linie Fischereihafen, bis heute. Hier werden vor allem der Snoek-Fisch, aber auch Lobster für den hiesigen Markt und besonders für die Restaurants in Kapstadt gefangen.

Im Zentrum des Hafens steht die große Fischfabrik, eine genossenschaftliche Kooperative. Andere Fischfabriken mussten in den letzten Jahren konjunkturbedingt schließen. Große Lagerhallen standen leer. Eine von ihnen, ganz am Ende des bizarren Hafens, haben sich 2012 zwei Kapstädter Geschäftsleute und Freunde gesichert und hier einen der spannendsten, unterhaltsamsten und schönsten Märkte der gesamten Kap-Region installiert. Selbst für Kapstädter ist dieser Markt direkt am Wasser immer noch ein Tipp, obwohl er sich inzwischen fest etabliert hat.

Über hundert Verkaufsstände findet man hier. Afrikanisches Kunsthandwerk, originelle Modeartikel, dazu ausgefallene Imbissstände mit kulinarischen Delikatessen, Weinproben und frisch vom Fass gezapftes Bier. In einer Ecke der hergerichteten riesigen Fischhalle spielt auf einer Bühne Livemusik, meist ausgefallen und extravagant. Mitunter gibt es Tanzeinlagen und Theater, auch Konzerte finden regelmäßig statt. Die Lage des Bay Harbour Market erlaubt es dem Besucher, durch den Hafen mit seinen zahlreichen Gassen und Innenhöfen zu stromern. Dabei stößt man auch auf die kleine, ausgefallene Fischer-Kapelle und die eher etwas abgerissen wirkende Imbisshalle »Fish on the Rocks«, wo es die besten Fish and Chips der gesamten Kap-Region geben soll.

Adresse 31 Harbour Road, Hout Bay, Kapstadt 7806, Tel. +27/825705997, www.bayharbour.co.za | **Anfahrt** mit dem Pkw von der M6 aus Kapstadt kommend in Hout Bay in die Princess Street und dann in die Harbour Street einbiegen. | **Öffnungszeiten** Fr 17–21 Uhr, Sa und So 9.30–16 Uhr | **Tipp** Das am breiten Strand von Hout Bay auf riesigen Holzstelzen stehende Restaurant Mariner's Wharf ist bekannt für seinen frischen Lobster. Vom Hafen aus kann man vormittags mit dem Boot nach Duiker Island schippern (die Touren dauern rund eine Stunde), wo einige tausend sogenannte »Südafrikanische Seebären« leben, die zur Familie der Ohrenrobben zählen.

10___ Der Bloubergstrand

Sonnenuntergang vorm Tafelberg

Von keinem Punkt Kapstadts aus präsentiert sich der Tafelberg so prominent wie vom Bloubergstrand nördlich des Stadtteils Milnerton, etwa auf der Höhe der rund sieben Kilometer entfernt im Meer liegenden Robben Island. Der Strand erhielt seinen Namen vom einige Kilometer landeinwärts gelegenen rund 300 Meter hohen Blouberg (»blauer Berg«). Er ist insgesamt rund neun Kilometer lang und in unterschiedlich attraktive Abschnitte unterteilt. Hier wechseln lange weiße Sandstrände mit Felsformationen und Dünenlandschaften wie an der deutschen Ostsee. In der Regel weht ein ziemlich starker Wind, aber es gibt entlang der Beach Road auch zahlreiche windgeschützte Plätze, die alle gut mit dem Auto zu erreichen sind und wo sich problemlos parken lässt. Ideale Sonnenplätze finden sich zuhauf, und man kann durchaus baden, wenngleich das Wasser wegen des Benguela-Stroms oft nicht wärmer als 15 Grad ist. Der lange Sandstrand lädt zu ausgiebigen Spaziergängen ein. Wellen- und Windsurfer sind hier im Paradies. Ein sehenswertes Spektakel ist das Kitesurfen, wobei die Surfer im harten Wind halsbrecherisch mit einem ungeheuren Speed die Wellen entlangjagen. Zahlreiche nationale und internationale Kitesurf-Wettkämpfe werden hier ausgetragen. Der Bloubergstrand ist auch historisches Gelände: Hier landeten 1806 über 5.000 britische Marinesoldaten, schlugen in der »Schlacht von Blouberg« die anrückenden Holländer vernichtend und beendeten damit die niederländische Kolonialherrschaft am Kap.

Bars und Restaurants gibt es eine ganze Reihe. Eine der ungewöhnlichsten Adressen ist das Blue Peter, ein Hotel mit 27 Zimmern, Bar und Restaurant. Die Attraktion ist eine dem weißen Gebäude vorgelagerte, leicht abschüssige Wiese, auf der an Tischen und auf Decken kampiert wird und sich der Sonnenuntergang besonders erleben lässt. Bei afrikanischer Musik, guten Drinks und passablem Essen.

Adresse Blue Peter Hotel, 7 Popham Road, Ecke Rancke Road, Bloubergstrand, Kapstadt 7441, Tel. +27/215541956, www.bluepeter.co.za | **Anfahrt** mit dem Pkw R 27 Richtung Norden über Milnerton, in Table View auf die M14, in Bloubergstrand links auf den Big Bay Boulevard, in die Pophan Road; Bus 214/217, Haltestelle De Mist und Kleinbaai | **Öffnungszeiten** ganzjährig, besonders reizvoll sind die Abendstunden | **Tipp** Das Restaurant »On the Rocks« in der 45 Stadler Road lohnt sich. Auch zu empfehlen: ein Besuch der über eine Holzbrücke zu erreichenden Woodbridge Island mit dem Milnerton Leuchtturm.

11_ Der Blumenmarkt

Immer frische Blumen in der Adderley Street

Das genaue Eröffnungsdatum des Blumenmarktes an der Adderley Street, zwischen Strand und Darling Street, lässt sich heute nicht mehr ausmachen. Die einen sagen, er habe zur Jahrhundertwende 1900 eröffnet, andere behaupten, zehn Jahre später. Die Straße war bereits 1850 nach dem konservativen britischen Politiker Charles Adderley (1814–1905) benannt worden, der erfolgreich die Pläne der damaligen britischen Regierung verhindern konnte, Kapstadt zu einer Kolonie für Strafgefangene zu machen.

Schon auf dem Bürgersteig der Adderley Street, der Hauptgeschäftsstraße Kapstadts, kündigen die ersten Blumenstände den Markt an. Dieser befindet sich in einer kleinen überdachten Seitenstraße zwischen hohen Geschäftshäusern am Trafalgar Square, der eigentlich eine mit Blumen übersäte Gasse ist. Eine hohe, nach oben spitz zulaufende Stahlkonstruktion mit einem Wellblechdach und darunter platzierten Lichtkugeln vermittelt den luftigen Eindruck einer Galerie. Zur linken Seite hin geöffnet, reihen sich die kleinen Blumenstände und bunten Hütten aneinander, vor denen die Händler ihre Waren ausbreiten.

Der Markt wird privat betrieben, die Händler sind durch die Stadt lizenziert und müssen sich um die Stände in bestimmten Abständen immer wieder neu bewerben. Verkauft werden überwiegend Schnittblumen, in allen denkbaren Variationen, zu meist günstigen Preisen. Frisch gehalten werden sie seit inzwischen über hundert Jahren in ständig mit Wasser gefüllten Becken.

Besonders betriebsam wird es auf dem Markt am Nachmittag. Dann kaufen viele Geschäftsleute noch schnell ein paar frische Blumen, bevor sie nach Feierabend die Innenstadt verlassen, die sich ab 17 Uhr schlagartig leert. Rosen, Lilien oder die zum heimischen Fynbos zählende Protea, deren größte Verwandte die Königs-Protea ist, die Nationalblume Südafrikas, sind bei den Kapstädtern besonders beliebt.

Adresse Trafalger Street zwischen Adderley Street und Parliament Street, City, Kapstadt 8000 | **Anfahrt** an der Adderley Street zwischen Strand Street und Darling Street; Bus 102/103, 105–109, Haltestelle Darling Street; »Hop on-hop off«-Bus, Haltestelle Long Street Tour Office | **Öffnungszeiten** Mo–Fr 8–17 Uhr (wochentags mitunter bis 20 Uhr geöffnet), Sa 8–14 Uhr | **Tipp** Den Pan African Market in der Long Street 76 sollte man sich ansehen und dort vielleicht auch einen Kaffee trinken (8.30–17.30 Uhr). Die Einnahmen gehen teilweise an Familien in den Townships.

12 __ Das Bo-Kaap

Der bunte Stadtteil Kapstadts

Es ist historisches Glück, dass dieses Viertel noch steht. Den weißen Politikern der Apartheid galt das ziemlich heruntergekommene moslemische Bo-Kaap-Viertel mit seinen überwiegend asiatischstämmigen Bewohnern immer als Schandfleck, den man, ähnlich dem District Six, am liebsten dem Erdboden gleichgemacht hätte. Zahlreiche Initiativen in der Stadt und nicht zuletzt der energische Widerstand der Menschen im Bo-Kaap selbst (den sogenannten Kap-Malaien) konnten das verhindern.

Heute zählt das zu den ältesten Teilen der Stadt gehörende Quartier mit seinen kleinen bunten Häusern entlang der steilen und engen, teilweise kopfsteingepflasterten Straßen mit seinen Dutzend Moscheen und Minaretten zu den Kleinodien der Stadt. Durch seine kapholländische und edwardianische Architektur strahlt es das Flair des ausgehenden 18. und 19. Jahrhunderts aus. Inzwischen gilt es vor allem in Künstlerkreisen als schick, in eines der kleinen Häuser des Bo-Kaap zu ziehen.

Die ersten Siedler, die sich hier um 1760 niederließen, waren asiatische Kaufleute und Handwerker. Um 1780 begannen die seit Jahrzehnten durch die Dutch East India Company ans Kap verschleppten asiatischen Sklaven, denen erlaubt wurde, eigene Behausungen zu erwerben, sich ebenfalls am Fuße des Signal Hills anzusiedeln. Sie stammten nur zu einem geringen Teil aus Malaysia, die Mehrzahl kam aus Indonesien, Sri Lanka und Indien. Da aber Malayisch die vorherrschende Sprache in den asiatischen Kolonien war, entstand die Bezeichnung »Kap-Malaien«. Nahezu alle Ankömmlinge waren muslimischen Glaubens. Zeugnis dieser Entwicklung ist die 1798 erbaute Auwal-Moschee (siehe Seite 16), die erste ihrer Art in Kapstadt. Bis heute leben noch viele Familien der rund 60.000 im Großraum Kapstadt beheimateten Kap-Malaien im Bo-Kaap. Sie haben die Kultur und die Sprache Südafrikas, das Afrikaans, erheblich mitgeprägt.

Adresse Bo-Kaap, zwischen Buitengracht und Signal Hill, Kapstadt 8001 | **Anfahrt** von der Buitengracht in die Wale Street oder Dorp Street; Bus 101, Haltestelle Church oder Leeuwen Street; »Hop on-hop off«-Bus, Haltestelle Jewel Africa | **Tipp** Der Besuch des kleinen Bo-Kaap-Museums in einem der ältesten Häuser Kapstadts, Wale Street 71, informiert über das Viertel und die Geschichte seiner Bewohner (geöffnet Mo−Sa 10−17 Uhr, Tel. +27/214243846). Der immer am 2. Januar in Kapstadt stattfindende Coon Carnival erinnert an die Abschaffung der Sklaverei 1834 durch die britische Verwaltung und die Entlassung von etwa 39.000 Sklaven der Kap-Provinz in die Freiheit.

13_ Die Buchhandlung

Bei Naumanns gibt es deutsche Bücher

Die Ulrich-Naumann-Buchhandlung ist eine der größten deutschen Auslandsbuchhandlungen der Welt. Ulrich Naumann, dessen Familie vor fünf Generationen nach Südafrika ausgewandert war, hatte nach einer vierjährigen Buchhandelslehre in Tübingen 1964 den Laden von seinem Vater übernommen. Der hatte das Fachgeschäft für deutsche Literatur, Sachbücher, Magazine und Zeitungen 1957 gegründet. Das machte Sinn, weil während des Zweiten Weltkriegs und danach ein steter Strom deutschsprachiger Einwanderer nach Südafrika kam – der bis heute anhält. Inzwischen leben weit mehr als 50.000 Deutsche, Österreicher und Schweizer am Kap. »Schwalben« werden die genannt, die im europäischen Winterhalbjahr in ihre eigenen Häuser und Apartments in Südafrika fliegen, um der Kälte zu entfliehen.

Zum Kundenkreis des Ladens im Stadtzentrum zählen natürlich auch die jährlich vielen zehntausend Touristen aus dem deutschsprachigen Raum. Zudem belieferte Ulrich Naumann weit gestreut Hotels und Läden in der Provinz Westkap mit deutschen Zeitschriften. Sobald deutsche Autoren in Kapstadt Lesungen oder Buchvorstellungen hatten, war er mit Büchertischen zur Stelle.

Nach 50 Jahren gab Naumann seine geliebte Buchhandlung weiter: Seit 2014 führt die Autorin Andrea Schmidt das Geschäft. Sie hat es sich zum Ziel gesetzt, die Buchhandlung noch mehr als bisher zu einer Anlauf- und Begegnungsstätte – auch für Südafrikaner, die an Deutschland interessiert sind – zu machen. Lesungen, Literaturkreise und Diskussionsrunden stehen auf dem Programm.

Im Laden finden sich heute täglich frisch mit Hilfe des Computers gedruckte Ausgaben deutscher Tageszeitungen sowie eine große Zahl aktueller Magazine und Zeitschriften aus Deutschland. Einen Schwerpunkt legt das kleine, teilweise seit Jahrzehnten hier beschäftigte Team auf Bücher und Reiseführer über Afrika sowie afrikanische Literatur.

Adresse 91 Kloof Nek Road (über der German Bakery Dinkel), Kapstadt 8001, Tel. +27/214237832, www.buchhandlungnaumann.co.za | **Anfahrt** MyCiti Bus 107, Haltestelle St. Michael's oder Linie 103, Haltestelle Welgemeend; mit dem Pkw über Strand Street, Buitengraacht Street, Kloof Nek Road | **Öffnungszeiten** täglich 8–17 Uhr, Sa 8–13 Uhr | **Tipp** Eine hervorragende englische Buchhandlung ist die Book Lounge (71 Roeland Street, Ecke Buitenkant Street, Tel. +27/214622425, www.booklounge.ca.za).

14___Der Campus

Eine Universität reich an Schätzen

Seine wichtigste Ansprache in Südafrika hielt US-Präsident Barack Obama bei seinem Besuch 2013 in der Universität Kapstadt. Die traditionsreichen Räume der ältesten Universität Südafrikas waren die angemessene Bühne für seine Grundsatzrede über die Zukunft Afrikas. Nebenbei würdigte Obama die Schönheit der University of Cape Town (UCT) mit ihrer malerischen Lage hoch über der Stadt. Die UCT hat einen erstklassigen Ruf, schon lange gehört sie laut »Times Higher Education«-Ranking als einzige Hochschule Afrikas zu den 120 besten Universitäten der Welt. Vier Nobelpreisträger studierten hier: die Mediziner Max Theiler (Preis 1951) und Allan McLeod Cormack (1979), der Chemiker Aaron Klug (1982) und der Schriftsteller J. M. Coetzee (2003).

1829 wurde die Hochschule in den Ausläufern des Tafelbergs als South African College gegründet. Staatsuniversität wurde sie 1918, es entstanden neue Institute und der Campus. Im Zentrum des weitläufigen Geländes stehen die großzügigen, breiten Treppen zur Jammie-Plaza und zur Jameson-Halle mit ihrem imposanten Säuleneingang. Auf den Treppen und den schönen Plätzen zwischen Instituten und Wohnheimen spielt sich ein Großteil des studentischen Lebens ab, hier wird studiert, diskutiert, gefeiert und demonstriert. Die UCT gilt seit Langem als eine politische Universität. Das bedeutete lange eine Dauerkonfrontation mit dem Staat. Schon vor knapp hundert Jahren durften an der UCT auch Schwarze studieren. Zwar blieben sie eine Ausnahme, aber die Universität entwickelte sich in den 1980er Jahren zu einer Hochburg des Anti-Apartheid-Kampfs. Polizeirazzien auf dem Campus und gewalttätige Auseinandersetzungen zwischen demonstrierenden Studenten und Sicherheitskräften waren die Folge.

An der UCT studieren heute etwa 25.000 Studenten, von denen fast jeder fünfte aus dem Ausland stammt. Inzwischen ist nur etwa ein Drittel der Studenten weiß.

Adresse University of Cape Town, Rhodes Drive, Rondebosch, Kapstadt 7700, www.uct.ac.za | **Anfahrt** mit dem Pkw von der City N 2 Nelson Mandela Boulevard, rechts auf M 3 Rhodes Drive, Ausfahrt 7, rechts auf den Woolsack Drive, geht über in die North Entrance Road zur Universität; Golden Arrow Bus, Haltestelle Rondebosch, weiter mit dem UCT-Shuttle-Bus zum Upper Campus; Metrorail rote Linie, Haltestelle Rosebank, dann UCT-Shuttle-Bus | **Öffnungszeiten** Gäste müssen sich im Besucherbüro (Upper Campus) anmelden; geführte Touren Mo – Fr, Anmeldung: Tel. +27/216504556 oder admissions@uct.ac.za | **Tipp** Der Kirstenbosch Craft Market mit 190 Kunsthandwerkern jeweils am letzten Sonntag des Monats lohnt (Kirstenbosch Stone Cottages, Ecke Kirstenbosch Drive/Rhodes Avenue).

15__ Der Canal Walk

Südafrikas größtes Einkaufszentrum

Das ist eine Stadt in der Stadt, innerhalb weniger Jahre aus dem Boden gestampft: die Century City nahe dem nördlichen Vorort Milnerton. Gebaut wurde das Milliarden-Investitions-Projekt auf einer 250 Hektar großen Fläche zwischen Kanälen und Feuchtgebieten im Jahr 1995. Neben rund 3.000 Apartmenthäusern in den unterschiedlichsten Stilrichtungen, ausgelegt für 60.000 Menschen, gibt es futuristische Bürotürme mit etwa 400.000 Quadratmeter Fläche. Zahlreiche große Konzerne haben sich hier niedergelassen. Vodacom residiert in einem riesigen Bürohaus im neoklassizistischen Stil mit Säulenportal.

Kommerzielles Kernstück der Century City ist der im Jahr 2000 eröffnete Canal Walk, Afrikas größtes und mondänstes Einkaufszentrum. Mit seinen beiden weithin sichtbaren teilverglasten Türmen erinnert es an einen orientalischen Palast. Viele Besucher sagen, der Canal Walk schlage alle Einkaufscenter, die man bisher gesehen hat, inklusive jenen der USA. Das Gebäude wurde teilweise in italienischem Baustil, teilweise ein bisschen viktorianisch, dann hypermodern oder orientalisch verkitscht designt, durchzogen von künstlichen Wasserstraßen und Palmen im Innern, mit Gemälden Michelangelos und Gauguins an Wänden und Decken.

In über 400 Geschäften aller international namhaften Hersteller wird in riesigen Arkaden geshoppt, es gibt Kinos, Diskotheken, viel Entertainment, Kneipen und Cafés und vor allem einen riesigen Foodcourt mit unzähligen Restaurants und Schnellimbissen. Ein Milliardenprojekt, das besonders von der Kapstädter Mittelschicht angenommen wird. Hier verbringen Familien ganze Tage. Eine Welt des Konsums unweit der Townships. Dazu gibt es in Century City mit dem 1998 eröffneten Ratanga einen 20 Hektar großen Freizeitpark mit Wasserrutschen, Theater und Zirkus sowie der »Cobra«, einer Hochgeschwindigkeitsachterbahn, die aus 35 Metern Höhe startet.

Adresse Century City, Milnerton, Kapstadt 7441, Tel. +27/215553250, www.canalwalk.co.za |
Anfahrt mit dem Pkw die N 1 aus Kapstadt kommend Richtung Paarl, circa 10 Kilometer
nordöstlich der Innenstadt, Abfahrt Sable Road, dann den Century Boulevard weiter, große
Parkdecks (ausgeschildert); Bus T01, Haltestelle Century City | **Öffnungszeiten** täglich
9–21 Uhr (die Restaurants und Lokale haben länger geöffnet), Besucherzentrum
Tel. +27/215299699 | **Tipp** Große Malls gibt es mit dem Tyger Valley in Bellville, dem
Cavendish Center im südlichen Vorort Claremont, dem Gardens Center im Stadtteil
Gardens und natürlich an der Waterfront.

16__Das Cape to Cuba

Hafenlokal mit einer Hommage an Che Guevara

Kitschig ist noch untertrieben, und dennoch: Das Cape to Cuba hat Pfiff – und dürfte in der Umgebung Kapstadts einmalig sein. Gleich neben dem Bahnhof von Kalk Bay gelegen, an die Schienen grenzend mit Blick auf den malerischen Hafen, begegnet man einem Sammelsurium von Fundstücken und Devotionalien, die irgendwie alle mit Kuba zu tun haben, von einer Verehrung des Karibikstaates und des Revolutionshelden Che Guevara zeugen.

Man tritt durch eine Art Bretterverschlag, kommt in einen Vorhof mit Tischen auf weißem Sand, betritt die hohen Holzhütten mit Wellblechdach und glaubt, seinen Augen nicht zu trauen: Kuba, wohin man blickt, grell und bunt. Vielleicht nicht immer stilecht, dafür aber prallvoll dekoriert. Zwischen Tischen, Palmen und Blumen: Che Guevara auf Gemälden, auf Fotos und in Gips, daneben unzählige Revolutionsplakate, Heiligenfiguren, Teile alter kubanischer Autos, ein riesiger Humidor mit original kubanischen Zigarren, Ernest-Hemingway-Studien, Strohhüte, Karibikoutfits, ausladende Kronleuchter, Käfige mit ausgestopften Papageien, Batterien von Rumflaschen. Die Räume schließen ab mit der Terrasse direkt an den Bahnschienen und mit Blick auf den Hafen. Dazu erklingen immerwährend kubanische Salsa-Rhythmen. An den Wochenenden gibt es Livemusik.

Señora Deona, die gemeinsam mit ihrem Mann nach einer ausgiebigen Kubareise, während der sie sich in die Karibikinsel verliebten, 1999 in ihrem Heimatort Kalk Bay das Etablissement eröffnete, hält überwiegend kubanische Küche vor, mit viel frischem Fisch aus dem Hafen und einem starken Cajun-Einfluss. Die Drinks basieren überwiegend auf kubanischem Rum. Favoriten im Cape to Cuba sind der Mojito, der als der beste am Kap gilt, und der Daiquiri. Übrigens kann man nahezu alle Einrichtungs- und Dekorationsstücke des Cape to Cuba auch käuflich erwerben. Und das Rauchen kubanischer Zigarren ist ausdrücklich erlaubt.

Adresse 165 Main Road, Kalk Bay, Kapstadt 7990, Tel. +27/217881566, www.capetocuba.com | **Anfahrt** mit dem Pkw auf der M 3/M 4 über Muizenberg nach Kalk Bay; Metrorail rote Linie, Haltestelle Kalk Bay | **Öffnungszeiten** Di – Sa 11.30 – 16.30 und 18 – 22.30 Uhr, Barbetrieb bis 23.30 Uhr | **Tipp** Auf der anderen Seite der Main Road stößt man auf das Café Olympia, berühmt für seinen selbst gemachten Kuchen. Das Brass Bell im Bahnhof von Kalk Bay bietet ein Restaurant, diverse Pubs und die Möglichkeit, draußen am Hafen zu sitzen. Ein erstklassiges Restaurant ist das sich direkt über dem Hafen erhebende Harbour House. Kalk Bay ist berühmt für seine zahlreichen ausgefallenen Antiquitätenläden und Galerien.

17__Das Casino

Der Glücksspielpalast und die Eisbahn

Das »Grand West« rühmt sich, das größte Casino im südlichen Afrika zu sein. Etwa 18.000 Menschen täglich besuchen im Jahresdurchschnitt die Vergnügungshochburg mit der mächtigen, an alte Kolonialgebäude erinnernden Fassade aus Steinsäulen und Marmor. Das breite Angebot im »Wunderland rund um die Uhr« vor den Toren Kapstadts vermittelt einen Hauch von Las Vegas. In den Spielhallen und Nebensälen gibt es Tische für alle gängigen Glücksspiele von Roulette bis zu Poker und GranDice, einem Würfelspiel, zudem mehr als 2.500 Spielautomaten. Das Grand West, das sich im Besitz der Hotelkette Sun International befindet, möchte aber auch für Familien attraktiv sein, Gäste gewinnen, die an Glücksspielen wenig Interesse haben.

Für Afrika höchst ungewöhnlich, findet sich im Casino-Gebäudekomplex auch eine Eisbahn in Olympia-Größe. Auf der 30 mal 60 Meter großen Eisfläche können sich gleichzeitig mehr als hundert Schlittschuhfahrer tummeln, ohne sich groß gegenseitig zu stören. Schlittschuhe kann man hier ausleihen. Zudem gibt es im Grand West auch ein Fünf-Sterne-Hotel, Konzert- und Theatersäle, Konferenzräume, Kinos, eine Diskothek, eine Bowlingbahn und natürlich zahlreiche Restaurants, Bars und Nachtclubs. Popstars, Musicals, Wrestler und Boxer finden hier Säle für mehrere tausend Besucher.

Für den europäischen Besucher überraschend ist das umfangreiche Spielangebot für Kinder. In einer bunt dekorierten Spielhalle locken eine kleine Gokart-Bahn, Autoscooter, ein Karussell, ein großer Abenteuerspielplatz in einer »magischen Burg« und allerlei Geschicklichkeitsspiele. In der »magischen Arkade« sind offenbar »kindergerechte« Videospiele und Spielgeräte aufgereiht, die meist mit Plastik-Spielgeld funktionieren und an denen man Sachpreise gewinnen kann. Früh übt sich hier, wer ein »Gambler« werden möchte.

Adresse Grand Casino West, 1 Vanguard Drive, Goodwood, Kapstadt 7460, Tel. +27/215057777, www.grandwest@suninternational.com | **Anfahrt** mit dem Pkw aus Kapstadt kommend die N2 Richtung Somerset West, Ausfahrt 11 (M17 Pinelands, Epping), links auf die M16 Richtung Epping, Goodwood; Metrorail grüne Linie, Haltestelle Goodwood | **Öffnungszeiten** rund um die Uhr | **Tipp** Der Hanover Street Jazz Club im Grand-West-Gebäudekomplex ist im New-Orleans-Design der 1920er Jahre gestaltet und bietet auf zwei Etagen besten Jazz (ab 21 Uhr geöffnet).

18 Der Chapman's Peak

Spektakulärer Pass mit einzigartiger Aussicht

Hier zahlt man Maut, aber das dürften die bestangelegten Rand einer ganzen Südafrikareise sein. Denn die Fahrt über den neun Kilometer langen Chapman's Peak Drive entlang der Atlantikküste zwischen Hout Bay und Noordhoek vergisst man nicht, und legt man in einer der kleinen Haltebuchten einen Stopp ein, kann man sich nicht sattsehen. Über dem Besucher ragt das Felsmassiv empor, und tief unten tost der Atlantik, das Wasser prallt mit aller Wucht auf die zerklüfteten Küstenklippen. Ein Halt bietet sich unbedingt an, damit auch der auf dieser kurvenreichen Strecke konzentrierte Autofahrer in den Genuss einer der spektakulärsten und schönsten Küstenstraßen der Welt kommt.

Zwischen den Jahren 1915 und 1922 wurde überwiegend durch etwa 700 Strafgefangene der Chapman's Peak Drive in die Felswände geschlagen und gesprengt, an den Stellen der Felsformationen, wo weicher Sandstein auf hartem Granit lagert. Ein kühnes Unterfangen, das immer wieder aufgegeben werden sollte, aber schließlich doch realisiert und nach dem englischen Seefahrer John Chapman benannt wurde. Er hatte 1607 die Hout Bay als Erster erforscht.

Im Jahr 2000 musste die Küstenstraße wegen immerwährender Steinschläge und zahlreicher tödlicher Unfälle komplett gesperrt und grundsaniert werden. Sie wurde weiter ausgebaut, mit Stahlfangnetzen versehen, die Felsen teilweise einbetoniert und eine Art Lawinentunnel errichtet. Ende 2003 wurde sie als Mautstraße wiedereröffnet, wobei Kassenhäuschen nur auf der Hout-Bay-Seite eingerichtet wurden. Es gibt immer noch Steinschlag, und das Befahren der Strecke gilt stets auf eigene Gefahr.

Über den Chapman's Peak Drive führen zwei der jährlich größten Sportereignisse am Kap: das 109 Kilometer lange Cape-Argus-Radrennen und der sogenannte Two Oceans Marathon, der mit seinen 56 Kilometern als »Ultra-Marathon« immer wieder ein herausragendes Sportspektakel ist.

Adresse Küstenstraße zwischen Hout Bay und Noordhoek, Kapstadt 7806, Tel. Mautstation +27/217918220, www.chapmanspeakdrive.co.za | **Anfahrt** mit dem Pkw von Kapstadt auf der M 6 kommend Richtung Kap | **Tipp** Am Ende des Chapman's Peak Drive tut sich der imposante, kilometerlange Strand von Noordhoek auf.

19__Die City-Farm

Grüne Landwirtschaft inmitten der Stadt

Der älteste Bauernhof in Kapstadt ist wieder zum Leben erweckt worden. In der »Oranjezicht City Farm« im Herzen Kapstadts, wo schon vor 250 Jahren Birnen und Guaven angebaut wurden, ist seit 2012 ein gemeinnütziger Hof entstanden, der sich organischer, nachhaltiger Landwirtschaft verschrieben hat. Besucher können sich einen Korb nehmen und angeleitet von den Mitarbeitern selbst Obst oder Kräuter pflücken. Zudem kommen samstags Hunderte zum wöchentlichen Öko-Markt. Aktionen und Broschüren informieren über umwelt- und gesundheitsbewussten Anbau von Obst, Gemüse, Kräutern und Blumen. Das Projekt ist beseelt von dem Gedanken, mit kleinen Schritten in Anbau und Konsum ein wenig auch die Welt verändern zu können: »Wir bringen Veränderung jeden Tag mit dem, was wir auswählen, kaufen und kochen«, heißt es in der Beschreibung der »Vision« der Farm. Bauern, Bürger, Geschäftsleute und Politiker seien gleichermaßen aufgerufen, auf ihre jeweils eigene Weise ein neues Bewusstsein für Lebensmittel zu schaffen.

Auf dem jahrzehntelang vernachlässigten Gelände mit maroden Gebäuden, malerisch am Fuße des Tafelbergs gelegen, ist binnen kurzer Zeit ein blühender Öko-Landwirtschaftsbetrieb entstanden. Das unter Denkmalschutz stehende Grundstück wurde mit Hilfe vieler Freiwilliger, öffentlicher Gelder sowie Spenden von Unternehmen und Organisationen aufwendig saniert und neu gestaltet. Auch die Bürger des Stadtteils Oranjezicht freuten sich über die Aufwertung des vergammelten Anwesens und halfen tatkräftig mit beim Aufbau der Farm. Oliven- und Zitronenbäume wurden gepflanzt, Kräuterbeete angelegt. Die alten Wege auf dem Grundstück wurden originalgetreu mit Kopfsteinpflastern wiederhergestellt, ein kleiner Teich ausgehoben, Solaranlagen installiert. Eine große Kompostieranlage und eine kleine Regenwurm-Zucht gehören inzwischen auch zur Farm. Bald sollen auch wieder – wie im 18. Jahrhundert – hier im Stadtgebiet Weinreben angepflanzt werden.

Adresse Oranjezicht City Farm, Homestead Park, Ecke Upper Orange Street/Sidmouth Avenue, Kapstadt 8001; Tel. +27/836283426 und +27/835081066 | **Anfahrt** MyCiti Bus 103, Haltestelle Upper Orange Street | **Öffnungszeiten** täglich 8–16 Uhr, Markt Sa 9–14 Uhr | **Tipp** Beim deutschen Bäcker »German Bakery Dinkel« gibt es selbst gemachten Apfelkuchen oder Kreppel, 91 Kloof Nek Road, Tamboerskloof, Tel. +27/214243217.

20__ Der Clock Tower

Hier residierte einst der Hafenkapitän

Ursprünglich weiß, jahrzehntelang rot und jetzt in Gelb: Der historische Clock Tower im alten Hafen Kapstadts verändert sich mit dem Zeitgeist. Das aktuelle Gelb ist ein Zeichen der künstlerischen Freiheit Kapstadts als »World Design Capital«. Der alte Uhrenturm steht am Übergang zwischen dem Victoria und Alfred Bassin. 1870 wurde das Alfred-Becken eröffnet, 1905 das größere Victoria-Becken. Am Clock Tower mussten bis in die 1930er Jahre alle Schiffe vorbei. Mit der prosperierenden Wirtschaft begann der Hafen zu klein zu werden, das östlich gelegene Duncan Dock wurde gebaut und schließlich das noch größere Ben Schoenman Dock – die beiden ursprünglichen Bassins wurden immer unbedeutender.

Bis zu dieser Zeit aber war der Clock Tower das Herzstück des Kapstädter Hafens. Der achteckige Turm, dreistöckig mit je einem Raum auf jeder Etage, wurde 1882 als Sitz des Hafenkapitäns in Betrieb genommen. An dieser »Autorität« musste jedes Schiff vorbei. Die präzise Uhr mit dem mächtigen Laufwerk auf dem im viktorianischen Stil gebauten Turm war Richtschnur für alle ein- und auslaufenden Schiffe. Dazu wurde der genaue Gezeitenstand angezeigt. So konnten die Liegezeiten kontrolliert und abgerechnet werden. Hier lagerten Signalflaggen, Morsegeräte und Teleskope. Der Stock darüber war mit einem Rundumspiegel versehen, damit dem Hafenkapitän auch nichts entging.

Mit dem Bau des gegenüberliegenden, 1904 in Betrieb genommenen Port Captain's Building wurde die Funktion des Clock Towers auf das rein Technische reduziert. Jetzt saß der Hafenkapitän in dem hellblauen Gebäude mit den zwei markanten Giebeln. Die Bedeutung des damaligen Port Captains zeigt auch die erste Telefonverbindung der Kap-Provinz überhaupt – mit einer direkten Leitung vom Hafen in das zentrale Postamt in der Darling Street. 1997 konnte der marode Clock Tower gerade noch vor dem drohenden Abriss gerettet werden.

Adresse V&A Waterfront, Kapstadt 8001, Tel. +27/214252426 | **Anfahrt** zur Waterfront; Bus 104, Haltestelle Nobel Square; »Hop on-hop off«-Bus, Haltestelle Clock Tower | **Öffnungszeiten** täglich 9–21 Uhr, von außen ganztägig | **Tipp** Unmittelbar neben dem Clock Tower liegt das Nelson Mandela Gateway mit einer Multimedia-Präsentation, bevor es mit der Fähre nach Robben Island geht. Eine Visite lohnt auch ohne die Überfahrt zur ehemaligen Gefängnisinsel.

21 Die Crypta

Unter der Hauskirche von Desmond Tutu wird gejazzt

Das dürfte weltweit die einzige Krypta oder Gruft sein, wo inmitten der Grabplatten der Verstorbenen gejazzt wird. Möglich ist das wahrscheinlich nur in einem so kirchenliberalen Umfeld wie dem der St. George's Cathedral des früheren Kapstädter Erzbischofs Desmond Tutu. Das Crypt Jazz Restaurant, in dem man zu guter Musik auch trefflich essen kann, befindet sich seitlich der Kirche in einem auf Säulen gestützten Kellergewölbe mit großen Rundbögen. Überall sind kunstvoll gestaltete Marmorplatten in die Wände eingelassen: hinter den Tischen, der Garderobe, der Bühne mit den Instrumenten und der Bar. Sie beherbergen Grabstellen aus der zweiten Hälfte des 19. Jahrhunderts, in denen altehrwürdige Bürger der Stadt, verdiente Offiziere und Seefahrer, Politiker und Geistliche ruhen. Gespielt wird in der Krypta internationaler und Cape Town Jazz.

Das imposante Gotteshaus selbst, das sich traditionell ausschließlich durch die Gemeinde, Spenden und verschiedene Aktivitäten wie den urigen Secondhand-Book-Shop gleich nebenan finanziert, ist die Hauptkirche der Anglikanischen Kirche Südafrikas. Erbaut wurde es 1834 und bereits 1848 zur Kathedrale erhoben. Von der schließlich 1901 durch den britisch-südafrikanischen Architekten Herbert Baker in neogotischem Stil grunderneuerten Kirche ging immer auch ein Stück Widerstand gegen das Apartheidregime aus, für das der 1984 mit dem Friedensnobelpreis ausgezeichnete Erzbischof Desmond Tutu stand, der von dieser Kanzel gegen die Rassentrennung und den Staatsterror das Wort ergriffen hatte.

Im Vorraum zum Crypt Jazz Club gibt es eine ständige Ausstellung zum Widerstand gegen das Regime jener Tage und dessen Protagonisten. Bis heute predigt Desmond Tutu regelmäßig in St. George. Wer ihn hören möchte, muss allerdings früh aufstehen, denn der Bischof hält seine Gottesdienste in der Regel in den frühen Morgenstunden.

Adresse The Crypt Jazz Restaurant, 1 Wale Street, City, Kapstadt 8001, Tel. +27/796834658, www.thecryptjazz.com | **Anfahrt** von der Adderley Street kommend am Eingang zum Company's Gardens; Bus 106/107, Haltestelle Groote Kerk; »Hop on-hop off«-Bus, Haltestelle St. George's Cathedral | **Öffnungszeiten** Live-Jazz: Di – Do 19 – 22 Uhr, Fr und Sa 20 – 23 Uhr, Karten unter Tel. 079/6834658, Restaurant: Di – Sa 17 – 24 Uhr | **Tipp** Unbedingt einen Blick auf das große Bleiglasfenster am Nordportal der Kirche werfen und hier eines der häufigen Konzerte erleben. Die Akustik der Kirche ist ausgezeichnet.

22 __Das Design Center
In Montebello Künstlern bei der Arbeit zusehen

Kapstadt ist eine Stadt der Kreativen, 2014 war sie sogar offizielle Welt-Design-Hauptstadt. Ateliers und Studios sind über die ganze Metropole verstreut. In der Künstlerkolonie »Montebello Design Center« im Stadtteil Newlands kann man in etwa 20 Ateliers und Werkstätten Künstlern bei der Arbeit zuschauen und oft auch mit ihnen reden.

In den schlichten kleinen Häuschen und im großen Hauptgebäude haben Schmuck- und Textildesigner, Maler, Foto-Künstler, Bildhauer und Filmemacher in der Regel für jeweils ein Jahr ihr Domizil aufgeschlagen. Aber auch eine Dependance des »David Krut Projects« – eine Initiative und Plattform für zeitgenössische Kunst aus Südafrika – hat in Montebello, neben Filialen in New York und Johannesburg, ihren Sitz. Die Galerie präsentiert vor allem exzellente Drucke. Besucher können in Montebello eine Vielfalt kleinerer und größerer Werke entweder bei den Künstlern direkt oder in der zentralen Galerie erwerben.

Es gibt auch einen eher gewöhnlichen Souvenirladen, allerdings mit auffallend gelungenem Kunsthandwerk und originellen Andenken. Einen guten Ruf hat das Café-Restaurant »Gardener's Cottage« im Haupthaus, das einst eine Brauerei und später eine Porzellan-Manufaktur beherbergte.

Fernab allen Großstadttrubels ist das eher beschaulich wirkende Kunstzentrum im Schatten mächtiger alter Kampferbäume selten überlaufen. Das Montebello-Projekt ist eine Stiftung der deutschen Einwanderer- und Unternehmerfamilie Michaelis, die das Anwesen der Universität Kapstadt unter der Bedingung der Förderung junger Designer und Künstler vermachte. Jeden Freitagvormittag verwandelt sich die Anlage in einen lebendigen Markt, den Mielie Food Garden and Organic Market, auf dem regionale Agrarprodukte angeboten werden. Die Einnahmen kommen Nutzgärten und kleinen Farmen in den Townships zugute.

Adresse Montebello Design Centre, 31 Newlands Avenue, Newlands, Kapstadt 7708, Tel. +27/216850676, www.montebello.co.za | **Anfahrt** mit dem Pkw von Kapstadt kommend auf der M 3, Abfahrt Newlands | **Öffnungszeiten** Di–Fr 10–17 Uhr, Sa 10–14 Uhr | **Tipp** In der Josephine Mill in der Boundary Road in Newlands befindet sich Kapstadts älteste erhaltene Wassermühle von 1840, heute mit Geschäften, Bar, Restaurant und einem Mühlenmuseum (Tel. +27/216864939, www.josephinemill.co.za).

23 Der De Waal Park

Grüne Oase unterhalb des Molteno-Reservoirs

Seit 2008 die »Freunde des De Waal Parks« die Initiative ergriffen und dieses traditionsreiche Kleinod reaktiviert haben, erlebt der Park im Zentrum der Stadt eine Renaissance. Immer mehr Capetonians, wie die Kapstädter auf Englisch genannt werden, entdecken diese grüne Oase für sich neu. Hier kann man in den heißen Sommermonaten unter dichten Baumkronen relaxen, sich zum Picknick rund um den viktorianischen Springbrunnen treffen oder eines der zahlreichen Sommerkonzerte besuchen (Klassik, Rock und Jazz).

1895 wurde der Park auf Initiative des ehemaligen Bürgermeisters David Christiaan de Waal (1889–1890), eines engen Freundes von Cecil Rhodes, eröffnet. De Waal hatte die Idee, Kapstadt mit Hunderten neuer Bäume zu versehen. Bereits 1877 hatte die Stadt der Familie van Breda den Hof Oranjezicht, zu dem das gesamte Gelände unterhalb des Tafelbergs gehörte, abgekauft und in drei Teile gegliedert. Es entstand am unteren Hang des Bergs der nach dem damaligen Premierminister John Molteno benannte Molteno-Damm, mit einem knapp 300 Meter langen und 100 Meter breiten Becken das damals größte Wasserreservoir der Stadt, das noch heute Teile der City Bowl versorgt. 1881 wurde hier das erste Kraftwerk Kapstadts zur Stromversorgung und das erste Wasserkraftwerk Südafrikas überhaupt in Betrieb genommen.

Zwischen dem Molteno Reservoir und zwei weiteren, tiefer gelegenen, kleineren Stauseen unterhalb der Camp Street gab es eine freie Fläche, die zum Park wurde. Dieser war von Anfang an der Öffentlichkeit zugänglich. Wenig später wurde die Mauer mit den schmiedeeisernen Bögen und den kunstvoll verzierten Eingängen gebaut. 1898 folgte der viktorianische Brunnen in der Mitte des Parks, 1905 dann der schottische Musikpavillon (ursprünglich gefertigt für die große Kapstadt-Ausstellung am Green Point), in dem über Jahre hinweg allsonntäglich am Nachmittag eine Militärkapelle aufspielte.

Adresse Upper Orange Road, Oranjezicht, Kapstadt 8001, Tel. +27/214002521 | **Anfahrt** aus der Stadt kommend über die Buitengracht und New Church Street in die Kloof Nek Road, dann links in die Camp Street abbiegen bis zum Park; Bus 103, Haltestellen Lower Reservoir und De Waal Park | **Öffnungszeiten** täglich 6.30–20 Uhr (Sept.–März), 7–18 Uhr (April–Aug.) | **Tipp** Der schönste und größte Park der Stadt ist der Company's Garden. Zu empfehlen sind auch der Green Point Urban Park am Stadion und der Trafalgar Park in Woodstock.

24__ Das De Waterkant

Turbulentes Nachtleben nicht nur für Schwule

Wenn es in Afrika eine Metropole gibt, wo sich zuweilen auch internationaler Jetset und Hollywoodstars, die Welt der Mode und des Films aufhalten, dann ist das zweifelsohne Kapstadt mit seinen Filmstudios, seiner Mode-, Musik- und Kunstszene, der Fülle origineller Clubs, Bars und Kneipen. 2014 wählte die New York Times die »Mother City« zu einer der zehn »hippsten Städte« auf dem Globus. 2014 war Kapstadt Welt-Design-Hauptstadt. Das Viertel, in dem das am deutlichsten wird, ist das De Waterkant. In dem pittoresken Teil von Green Point in Nachbarschaft des muslimisch-geprägten Bo-Kaap finden sich viele Galerien, Antiquitäten- und Designerläden, eine Fülle von Bars, Clubs und Restaurants. Vor allem gegen Abend beginnt rund um das Cape-Quarter-Einkaufszentrum das Leben zu pulsieren. Nirgendwo in Kapstadt spürt man die Vielfalt der südafrikanischen »Regenbogennation« intensiver als in diesem Vergnügungsviertel.

Die Wortschöpfung »Regenbogennation« wird dem früheren Erzbischof Desmond Tutu zugeschrieben. Der Regenbogen ist aber auch weltweit Symbol der Homosexuellenszene und steht für Toleranz und Freiheit. Schwule und Lesben haben es trotz einer liberalen Gesetzgebung in der insgesamt noch sehr traditionellen Gesellschaft Südafrikas nicht leicht, das De Waterkant gilt allerdings als eine weithin berühmte Oase für die unterschiedlichsten Lebensstile.

Die Metropole Kapstadt hat ohnehin eine sehr lebendige »LGBTQ«-Szene (kurz: alle sexuellen Minderheiten) mit eigenen Zeitschriften und Einrichtungen. Die Stadt gibt stolz einen »Pink Guide« (rosa Stadtführer) heraus, der Besuchern die Orientierung erleichtern soll. Kapstadt wirbt damit, dass das jährlich stattfindende Mother City Queer Project als das größte Homosexuellenfest seiner Art in ganz Afrika gilt. Die Hochburg der Feiernden: De Waterkant, von den Einheimischen auch »Gaybourhood« oder »Pink Village« genannt.

Adresse Zentrum Cape Quarter, 27 Somerset Road, De Waterkant, Kapstadt 8005,
Tel. +27/214211111, www.capequarter.co.za | **Anfahrt** zwischen Waterfront und City;
Bus 108/109, Haltestelle Alfred Road | **Öffnungszeiten** Läden: Mo–Fr 9–18 Uhr,
Sa 9–16 Uhr, So 10–14 Uhr, Restaurants und Bars unterschiedlich | **Tipp** Die Bubbles
Bar mit dem »Disco Divas«-Cabaret, 125a Waterkant Street, ist nicht nur ein Treffpunkt
der Transvestitenszene, tolerante Gäste sind willkommen (Tel. +27/218010501).

25 Das Diamantenhaus

Ins Hugenotten-Haus zum Diamantenschleifen

Diamanten haben die Menschen seit jeher fasziniert. Als am Ufer des Orange River ein kleiner Burenjunge 1866 einen besonders glitzernden Stein fand, der sich als Diamant von 20 Karat entpuppte, brach in Südafrika und auch am Kap das Edelsteinfieber aus. Es begann ein Run auf Diamanten, ein Kampf um Claims und Schürfrechte. Eine mächtige Industrie entstand, die mit den Namen Cecil Rhodes, De Beers und Oppenheimer verbunden ist und mit gnadenlosen Syndikaten, hemmungsloser Ausbeutung und ungeheurem Reichtum. Der weltweite Diamantenhandel wurde zu einer der Hauptindustrien und Einnahmequellen Südafrikas.

Das neue, Anfang 2014 eröffnete Privatmuseum Prins & Prins Museum of Gems and Jewellery, beheimatet im 1752 erbauten Hugenotten-Haus, gibt Einblicke in jene Zeit. In diesem sehenswerten Bürgerhaus aus der Epoche des aufstrebenden Kapstadt, das jahrzehntelang als Weinkontor für die Weine der Region Franschhoek diente, residiert nach einer grundlegenden, im Detail genauen Restaurierung in den 1980er Jahren seit 1993 das Juweliergeschäft Prins & Prins Diamonds, eine der ersten Adressen im Diamantengeschäft Kapstadts.

Durch das kleine Museum im unteren Geschoss der alten Stadtvilla, das sich hinter der Werkstatt verbirgt, führt häufig der Chef des Unternehmens selbst oder einer seiner Mitarbeiter. Der promovierte Geologe und Chemiker Petre Prins, seit 1982 als Juwelier tätig, hat das didaktische Konzept, das den Besucher kurzweilig und eindrucksvoll durch die turbulente Geschichte des südafrikanischen Diamantenhandels leitet, selbst entwickelt. Hinzu kommt in Verbindung mit der hauseigenen Diamantenwerkstatt und Goldschmiede eine kleine Edelsteinkunde. Hier kann man einigen der rund 20 Mitarbeiter beim Schleifen von Rohdiamanten und Fertigen kunstvoller Schmuckstücke zuschauen, die in den oberen Etagen des Hugenottenhauses designt werden.

Adresse Museum of Gems & Jewellery, Huguenot House, 66 Loop, Ecke Hout Street, City, Kapstadt 8001, Tel. +27/214221090, www.prinsandprins.com | **Anfahrt** von der Strand Street in die Loop Street; Bus 101, Haltestelle Mid Long Street, oder Bus 105, Haltestelle Strand Street; »Hop on-hop off«-Bus, Haltestelle Long Street Tour Office | **Öffnungszeiten** Mo−Fr 9−17 Uhr, Sa 9−13 Uhr (keine Anmeldung notwendig) | **Tipp** Das Cape Town Diamond Museum kurz hinter dem Clock Tower an der Waterfront lohnt ebenfalls einen Besuch.

26 Die Disa-Park-Türme

Hier prallen die Ansichten aufeinander

Kaum ein Gebäude wühlt die Kapstädter emotional mehr auf als die drei Türme des Disa Parks in Vredehoek. Besucher erkennen leicht den Grund: Die drei runden, 17-stöckigen Hochhäuser stechen beim Blick auf den imposanten Tafelberg, zu dessen Füßen sich Kapstadt malerisch erstreckt, im wahrsten Sinne des Wortes heraus. Auf unzähligen Panorama-Postkarten des über 1.000 Meter hohen Berges mit dem weltberühmten flachen Hochplateau sind auch die jeweils 55 Meter hohen Türme »Blinkwater«, »Platteklip« and »Silverstroom« verewigt. Sie verschandeln nach Meinung vieler die Sicht auf das Massiv des Devil's Peak, einem der beiden Gipfel des Tafelbergs.

Viele Kapstädter sprechen von einem »städteplanerischen Verbrechen« und einer »Schande« für ihre Stadt, lästern über die Türme als »The Pepper Pots« oder »Tampon Towers«. Der südafrikanische Architekturkritiker Barry Washkansky nannte sie »hässliche, überdimensionale Phalli«. Kein Wunder, dass es schon mehrfach Versuche gab, die verabscheuten Wohnanlagen in Vredehoek (afrikaans für »Friedensviertel«) wieder abzureißen. Bei einer Umfrage der lokalen Cape Times 2010 gab es ein klares Leservotum dafür. Bereits zehn Jahre zuvor hatte es eine Bürgerinitiative gegeben, zumindest die obersten Etagen abzureißen. Hausbesitzer und Mieter wussten das juristisch zu verhindern.

Denn wer dort wohnt, schwärmt durchaus von den zylindrischen Apartmenttürmen, die noch zur Zeit der Apartheid in den 1960er Jahren von der Baufirma Murray and Roberts errichtet wurden. Abgesehen von einem phänomenalen Blick auf Kapstadts Skyline, die Bucht und den Hafen bieten die Türme viel Komfort mit einem Swimmingpool, Tennis- und Squash-Plätzen sowie einem Grillplatz. Für junge Mittelklassefamilien, die hier für umgerechnet 750 Euro eine kleine Wohnung finden, ist besonders attraktiv, dass es sogar einen Kindergarten und eine Vorschule gibt.

Adresse Disa Park, 36 Chelmsford Road, Vredehoek, Kapstadt 8001, www.disapark.co.za | **Anfahrt** mit dem Pkw vom Zentrum die Buitenkant Street am Kastell hochfahren; Bus 101, Haltestelle Exner Avenue | **Öffnungszeiten** Besuche nach Absprache mit der Hausverwaltung ab 10 Uhr morgens werktags; manche Wohnungen werden auch an Touristen vermietet | **Tipp** Die Niederländisch-Lutherische Kirche, die älteste lutherische Kirche Südafrikas, in der Strand Street, Ecke Buitengracht, lohnt einen Besuch.

27_ Das District Six Museum

Ein finsteres Kapitel der Apartheid

Der 1867 ausgerufene sechste Bezirk Kapstadts, überwiegend bewohnt von freigelassenen Sklaven, Arbeitern, Kaufleuten, europäischen Einwanderern und Künstlern, entwickelte sich binnen weniger Jahre zu einem lebendigen multiethnischen und liberalen Zentrum der Stadt.

Aber das Viertel nahe der Stadtmitte und des Hafens rückte immer dichter an die weißen Quartiere heran. Den konservativen Buren galt es ohnehin als heruntergekommenes und kriminelles Pflaster. Bereits 1901 hatte man die dort lebenden Schwarzen in die Townships verbannt. In den 1960er Jahren sollte der Stadtteil ganz von der Stadtkarte verschwinden. Als rechtliche Grundlage für die Vertreibung und Zwangsumsiedlung der seit Generationen dort ansässigen Menschen unterschiedlichster Hautfarbe diente der sogenannte Group Areas Act von 1950, der es dem Regime erlaubte, willkürlich ganze Stadtteile zu »weißen Wohngebieten« zu erklären.

Rund 60.000 Menschen wurden entsprechend ihrer Hautfarbe umgesiedelt, in die Cape Flats und in riesige Barackensiedlungen weit vor den Toren der Stadt. 1966 kamen die ersten Abrissbagger und machten den District Six dem Erdboden gleich. Nur Kirchen und Moscheen ließen die Machthaber aus Angst vor Unruhen stehen. Stattdessen setzten die Weißen in den 1980er Jahren das gigantische zur Kapstädter Universität gehörende Cape Technikon dorthin, wo einst das intakte Zentrum eines gewachsenen Stadtteils war.

Das District Six Museum, untergebracht in einer ehemaligen Kirche unweit des zerstörten Areals, dokumentiert eindrucksvoll die Verbrechen der Apartheid und gibt einen Einblick in das einstige Leben dieses Viertels. Eigentlich sollte das Gebiet von Weißen besiedelt werden, aber es blieb bis heute zu größten Teilen unbebaut. Seit einigen Jahren entstehen erste Häuser, die es den früheren Bewohnern und ihren Kindern ermöglichen, zurückzukehren.

Adresse District Six Museum, 25a Buitenkant Street, Zonnebloem, Kapstadt 7925, Tel. +27/214667200, www.districtsix.co.za | **Anfahrt** vom District Six Museum über die Constitution Street zum District Six; Bus 103, Haltestelle Lower Buitenkant; »Hop on-hop off«-Bus, Haltestelle District Six Museum | **Öffnungszeiten** Mo–Sa 9–16 Uhr (von ehemaligen Bewohnern des Viertels geführte Touren) | **Tipp** Unbedingt das Gelände des District Six aufsuchen. Es vermittelt noch heute die bedrückende Atmosphäre, vor allem, wenn man zuvor im Museum war.

28 Das »Evita se Perron«

Ein Theater für Pieter-Dirk Uys

Südafrikas Weiße können auf viele ihrer Schriftsteller und Künstler stolz sein, die sich gegen das rassistische Apartheidsregime wandten. Die meisten von ihnen stehen kaum noch im Rampenlicht – ganz anders Pieter-Dirk Uys, einer der schillerndsten Künstler Südafrikas. Er darf sich Freund Nelson Mandelas nennen, viele Bilder und Briefe zeugen davon. Bis heute streitet der vielseitige Kabarettist auf seine Weise für die Ideale der demokratischen »Regenbogengesellschaft«.

Die Südafrikaner kennen den Travestie-Künstler vor allem in seiner Rolle als »Evita Bezuidenhout«, der »Burentante«. Diese Kunstfigur mokiert sich in Frauenkleidern, grell geschminkt, geistvoll und bissig über den alltäglichen Rassismus, die verheerende Korruption und politischen Absurditäten Südafrikas unter der Herrschaft des ANC. Gerne spricht Uys die vielen ausländischen Besucher im Publikum seines wild und glitzernd dekorierten Theaters an, liebt es, sich in Stand-up-Comedian-Manier über Marotten der Nationen oder Ereignisse in der Welt lustig zu machen.

Im ehemaligen Bahnhof Darlings hat der Komiker 1995 sein Theaterrestaurant etabliert. Dazu gehören Studio- und Versammlungsräume sowie ein wunderbar wirrer Laden. Er ist halb Museum, halb Geschäft, vollgepfropft mit Büchern, Bildern, Kunsthandwerk, Karikaturen, Plakaten, Bildern und Dokumenten, die von der enormen weltweiten Resonanz auf Evita zeugen.

»Tannie Evita« ist längst eine Ikone des modernen Südafrika. Uys, dessen jüdische Mutter einst vor den Nazis aus Deutschland floh, ist nach wie vor in unzähligen Projekten engagiert. Seinen Vorträgen in Schulen über Sex, Verhütung und Aids haben insgesamt schon über eine Million Schüler gelauscht – kaum jemand wirkt glaubwürdiger als der Mann, der wegen seiner Überzeugungen, seiner Homosexualität und seines Mutes viele Jahre schmerzvoll ein Außenseiter der Gesellschaft war.

Adresse Old Darling Station, 8 Arcadia Street, Darling 7345, Tel. +27/224922851, www.evita.co.za | **Anfahrt** mit dem Pkw von Kapstadt kommend 80 Kilometer auf der N 7 in Richtung Malmesbury, links abbiegen auf die Philadelphia Road, rechts auf die R 304, der Straße folgen, wird zur Dassenberg Road, weiter auf der R 307 nach Darling | **Öffnungs-zeiten** Shows Sa und So nachmittags, Restaurant Mo–So 10–16 Uhr | **Tipp** Die Farm Darling Olives in Yzerfontein, 3 Kilometer außerhalb, bietet Olivenprodukte und Pick-nicks (Körbe mit frisch gebackenem Brot und Leckereien) und in der Erntesaison (April–Juni) Führungen zum Thema Oliven-Wirtschaft.

29__Die Filmstadt

In Kapstadt entsteht ganz großes Kino

Wenn man von Kapstadt aus mit dem Auto auf der Schnellstraße N 2 Richtung Somerset West durch eine vergleichsweise flache Landschaft mit viel Wiese, Sand und Buschwerk unterwegs ist, taucht plötzlich linker Hand ein altes, riesiges Piratenschiff mit Mast und Korb auf – und dann ein zweites am Ende eines ausgedehnten Kornfeldes. Was wie eine Fata Morgana erscheint, ist Realität. Es handelt sich um die nachgebauten Originale einer anderen Epoche, die hier als Kulisse für eine der erfolgreichsten Serien dienen, die jemals in Südafrika realisiert wurden. Die Piraten-Abenteuer-Serie »Black Sails« wird hier gedreht, eine US-amerikanische Produktion, die um 1720 in der Karibik spielt. Zu dem Areal gehören außerdem sechs gigantische, je 15 Meter hohe, durchnummerierte Hallen, in denen großes Kino entsteht, Werkstätten und variable Freiflächen.

Hier am Rande der Cape Flats, unweit der Township Khayelitsha, residieren seit 2008 auf einer Fläche von 200 Hektar die Cape Town Film Studios, das Hollywood Südafrikas und wahrscheinlich die größte Filmstadt des ganzen Kontinents. Ein 40-Millionen-Euro-Projekt internationaler privater Investoren und der Regionalregierung von Western Cape. Zwei große internationale Filmproduktionen pro Jahr sind geplant. 10.000 neue Arbeitsplätze sollen langfristig geschaffen werden.

Was von Werbefotografen und -produzenten schon seit Jahren gebucht wurde, wird jetzt mehr und mehr vom großen Film entdeckt. Der südafrikanische Frühling und Sommer, die Zeit zwischen Oktober und April, garantieren bestes Wetter, einzigartiges Licht, exzellente Kulissen zwischen gigantischen Bergregionen und malerische Küsten rund um Kapstadt sowie hochmoderne Techniken bei vergleichsweise preiswerten Produktionsbedingungen. Die neue afrikanische Filmindustrie zieht immer mehr internationale Regisseure und Produzenten an und entwickelt sich zu einem lukrativen Industriezweig. So wurde hier beispielsweise 2015 der international erfolgreiche britische Thriller »Eye in the Sky« mit Oscar-Preisträgerin Helen Mirren gedreht.

Adresse Cape Town Film Studios, Ecke Baden Powell Drive und N 2 Highway, Faure, Kapstadt 7131, Tel. +27/218432400, www.capetownfilmstudios.co.za | **Anfahrt** von Kapstadt kommend mit dem Pkw auf der N 2 bis zur Abfahrt Baden Powell Drive (R 310); von Stellenbosch kommend rechter Hand an der R 310 | **Öffnungszeiten** Die Cape Town Film Studios sollen demnächst im Rahmen einer Film-Tour auch fürs Publikum geöffnet werden. Schon heute lohnt ein kurzer Abstecher bis vors Tor. | **Tipp** Der Baden Powell Drive (R 310) führt zu einem attraktiven Küstenabschnitt, der bis Muizenberg reicht.

30__ Der Flohmarkt

In Milnerton gibt es eigentlich alles

Kapstadt hat viele spannende und lebendige Märkte. Einer der ungewöhnlichsten ist der Flohmarkt in Milnerton. Am Wochenende findet man hier unweit des Strandes und mit einem herrlichen Blick auf Kapstadt und den Tafelberg Kurioses und Praktisches gleichermaßen. Besonders beliebt ist der Markt bei Einheimischen. Landestypische Souvenirs und afrikanisches Kunsthandwerk, in der Regel bei Touristen sehr gefragt, spielen hier eine untergeordnete Rolle.

Dafür taucht man hier in das wirkliche Leben der Südafrikaner ein. Der Markt mit seinen etwa 250 Ständen spiegelt auf seine Weise die soziale Zerrissenheit des Landes wider. Koloniale Antiquitäten, alte Münzen, Bücher und Gemälde stehen neben Spielzeug und Puppen, Nippes und Krimskrams, Silbergeschirr und Porzellan. Aber auch einfache, selbst gefertigte Stühle und Schränke werden angeboten, die wohl meist in den Hütten der wuchernden Townships landen. Zudem gibt es stapelweise verdächtig billige, original verpackte Parfums, Batterien oder Rasierklingen. Zudem Elektroteile, Werkzeug und Handys sowie Klamotten, selbst gestrickte Schals, ungewöhnliche Hüte, Kappen und originelle Mode-Accessoires.

Der Flohmarkt ist etwas für Schnäppchenjäger. Die Kunden sind kaum betuchte Touristen, sondern meist gewiefte Einheimische, die wissen, dass es hier manches zu Spottpreisen gibt. Wer allerdings auf dem Markt fotografieren möchte, sollte aufpassen und die Händler nicht provozieren. Manche mögen es gar nicht, wenn eine Kamera auf sie oder ihre Waren gerichtet wird.

Eine Besonderheit sind die ambulanten Handwerker und Schrauber. Auf dem Flohmarkt werden auch Fahrräder repariert oder nach Sonderwünschen kleine Regale oder Sitzbänke gefertigt. Schließlich gibt es allerlei Imbisse mit Kuchen, Sandwiches, frittierten Tintenfischen oder fetten südafrikanischen Boerewors-Würsten und sogar selbst gebrautem Ginger Beer.

Adresse Otto du Plessis Drive, Paarden Island, Milnerton, Kapstadt 7435 | **Anfahrt** mit dem Pkw die N 1 von Kapstadt, Ausfahrt 4 und auf die Landstraße R 27, nach 3 Kilometern auf der linken Seite; Bus T 1, Haltestelle Zoarlei | **Öffnungszeiten** Sa und So 8–14 Uhr | **Tipp** Die Milnerton Lagune ist ein kleiner See mit Flamingos und Pelikanen, beliebt bei Kite- und Windsurfern und Seglern.

31__Der Freimaurertempel

Architektur-Juwel hinter dem Parlament

Cecil Rhodes, ein Unternehmer und Pionier, der Ende des 19. Jahrhunderts als machtvoller Kolonialpolitiker das südliche Afrika mehr prägte und formte als jeder andere, war Freimaurer. Auch er besuchte in Kapstadt den Tempel dieser verschwiegenen, den Idealen von Menschlichkeit und Freiheit verpflichteten Loge. Die Lodge de Goede Hoop, 1803 eingeweiht, ist der älteste noch bestehende Tempel der Freimaurer in Afrika. Zwar brannte das Gebäude 1892 fast bis auf die Grundmauern nieder, nach dem Wiederaufbau sieht es heute aber kaum anders aus als vor 200 Jahren. In der Mitte des Gebäudes stößt man auf den prächtigen Tempelraum mit dem Altar, den Fahnen, Thronen, Sitzbänken und Schwertständern. Platz für weit mehr als hundert Freimaurer. In den Seitenflügeln geht es zu den düsteren Gewölben, den verborgenen Kammern. Überall sind geheimnisvolle Ornamente, kunstvolle Statuen und Skulpturen, Gemälde und Porträts zu sehen.

Die Lodge de Goede Hoop ist von außen und innen ein architektonisches Schmuckstück der frühen kapholländischen Baukunst. Aber sie ist nicht leicht zu erreichen. Da sich das Gebäude in unmittelbarer Nähe zum Parlament befindet, müssen Sicherheitsschleusen passiert werden, ohne Anmeldung ist kein Durchkommen.

Die Geschichte der Freimaurer Südafrikas ist nicht unumstritten. Die Mitglieder betonen, dass sie Diskriminierung ablehnen: »Die Freimaurer vereinen Männer von hohen Idealen, unabhängig ihrer Farbe, ihrer Religion oder ihres weltlichen Status.« Aber in der Zeit der Apartheid gab es keinen einzigen Schwarzen in der Loge, für »Farbige« wurde in den 1970er Jahren eine Sonderregelung durchgesetzt. Das erste schwarze Logenmitglied wurde 2007 begrüßt. Die Freimaurer Südafrikas widersprechen dem seit Jahren bestehenden Gerücht, auch Nelson Mandela sei Freimaurer gewesen. Eine Mitgliedschaft von Frauen ist aber bis zum heutigen Tag unmöglich.

Adresse 1 Bouquet Street, City, Kapstadt 8000 | **Anfahrt** direkt am Parlament; Bus 103, Haltestelle Roeland Street, nach links in die St. John's Street gehen, dann rechts in die Bouquet Street; »Hop on-hop off«-Bus, Haltestelle St. George's Cathedral | **Öffnungszeiten** Besuch nur nach Voranmeldung, Führungen ein- bis zweimal im Monat, Anmeldung beim Grand-Lodge-Sekretariat unter Tel. +27/214615400 (Mo, Mi, Fr 9 – 12 Uhr) | **Tipp** Auf dem nahen Church Square steht das Denkmal von Jan Hendrik Hofmeyr (1845 – 1909), dem Mitbegründer des »Afrikaner Bond«, einer national-konservativen politischen Organisation, der es gelang, 1925 Afrikaans als offizielle Sprache neben dem Englischen durchzusetzen.

32 Das Fugard Theatre

Moderne Bühne gegen Rassismus

Südafrikas berühmtester Dramatiker, Athol Fugard, musste erst davon überzeugt werden, dem Theater im geschichtsträchtigen Distrikt Six seinen Namen zu leihen. Aber seit 2010 mit Hilfe finanzstarker Bewunderer des Schriftstellers das Theater eröffnete, liegt Fugard das Haus in den Räumen eines früheren Textillagers und einer neogotischen Kirche erkennbar am Herzen. Denn der leidenschaftliche Kritiker des rassistischen Apartheidregimes findet so in ebenjenem Viertel eine Bühne für seine Botschaft von Freiheit und Gleichheit, aus dem 1966 die weiße Regierung mehr als 60.000 schwarze Bewohner brutal vertreiben ließ. Der Stadtteil wurde zum »Weißen-Viertel« erklärt. Heute präsentiert das Theater mit seinen 335 Sitzen oft zeitgenössische Dramen, die einen Bezug zum Kampf für Demokratie und Menschenrechte haben. Aufgeführt werden aber auch populäre Musicals wie die »Rocky Horror Show«, mit der das Fugard-Ensemble 2016 auch auf anderen Bühnen Südafrikas begeisterte.

Nicht selten zeigt das Theater auch Fugards eigene Stücke, zuweilen vom Dramatiker selbst inszeniert. Hin und wieder agiert er sogar als Schauspieler, so wie 2014, als er sich in dem Zwei-Personen-Stück »Der Schatten des Kolibri« beeindruckend mit Alter, Gebrechlichkeit und Tod auseinandersetzte. Das Drama war auf Grundlage seiner eigenen Tagebücher geschrieben worden.

Fugard, der normalerweise im amerikanischen San Diego lebt, beschäftigte sich in seinen Werken in erster Linie mit den brisanten Themen seiner südafrikanischen Heimat: mit der Frage nach dem Verhältnis der Rassen, den Vorurteilen von Weißen und Schwarzen, der Gewalttätigkeit im Land, der Verrohung durch Armut und der Suche nach Lebenssinn. Im Fugard Theater kann man im Winterhalbjahr sonntags um 11 Uhr auf einer Kinoleinwand in hoher technischer Qualität Übertragungen von Opern und Ballettaufführungen der großen Häuser in London oder New York anschauen. Das Haus ist außerdem Schauplatz von Konzerten und Lesungen.

Adresse Caledon Street, Ecke Harrington Street, District Six, City, Kapstadt 8001, Tel. +27/214614554, www.thefugard.com | **Anfahrt** ganz in der Nähe des Kastells; Bus 103, Haltestelle Lower Buitenkant; »Hop on-hop off«-Bus, Haltestelle The Castle of Good Hope | **Öffnungszeiten** Theater ab 20 Uhr | **Tipp** Im Restaurant »Dias Portuguese« in der nahen Caledon Street 15 treffen sich vor und nach den Vorstellungen Theaterleute und Publikum.

33__Die Galerien-Meile

Fundgrube für Kunstliebhaber

Die Kapstädter sind zu Recht stolz auf die Vielfalt ihrer Kultur, auf die Kreativität ihrer Künstler. Ein Beleg dafür ist die in Afrika vermutlich einzigartige Vielfalt von Galerien: Weit mehr als hundert Läden mit Kunstwerk sind über die Stadt verstreut, ballen sich aber vor allem in den Vierteln Woodstock und Observatory – und auf der pittoresken Church Street und in ihren Seitenstraßen im Herzen der Stadt. Hier finden sich Werke bekannter südafrikanischer Künstler wie Simon Jonaes, Peter van Straten, Anthony Gadd oder Vanessa Berlein.

Zeitgenössische Kunst aus Südafrika und den Nachbarstaaten bildet den Schwerpunkt. Manche Galerien sind spezialisiert auf Keramik, Skulpturen oder Drucke und bieten häufig wechselnde Programme. Das Konzept der Worldart Gallery sind Ausstellungen von jeweils neun südafrikanischen Künstlern für einen Monat – neben der Dauerpräsentation renommierter südafrikanischer Künstler.

Die Association for Visual Arts (AVA) ist eine gemeinnützige Galerie, die in zügigem Wechsel vor allem moderne Kunst südafrikanischer Künstler präsentiert. Oft werden die Werke auf meist kurzweiligen Versteigerungen dem Höchstbietenden gegeben, man kann bei der schon traditionsreichen Kunstinstitution zuweilen erstaunlich günstig Bilder, Skulpturen oder Keramiken von hoher Qualität erwerben.

Die Galerie Erdmann Contemporary ist besonders mit Ausstellungen lokaler Comic-Künstler und Kunstfotografen bekannt geworden.

Die Cape Gallery konzentriert sich hingegen auf traditionelle südafrikanische Landschaftsgemälde. Die realistische Manier der Darstellung verweist auf das Kunstverständnis vieler Maler des 19. Jahrhunderts, Landschaften möglichst originalgetreu einzufangen.

Die G2 Art Gallery setzt vor allem auf zeitgenössische Kunst, auch mit vielen Skulpturen und Fotografien. Zudem finden sich hier Kopien historischer, zum Teil mehr als hundert Jahre alter Fotos von Kapstadt.

Adresse Cape Gallery, 60 Church Street, City, Kapstadt 8000, www.first-thursdays.co.za |
Anfahrt Querstraße zu den großen Straßen von Adderley bis Buitengracht; Bus 101,
Haltestelle Church Street; »Hop on-hop off«-Bus, Haltestelle Long Street Tour Office |
Öffnungszeiten Mo–Fr 9–18 Uhr, Sa 9–15 Uhr (manche Galerien haben auch So
geöffnet), am 1. Do im Monat sind die Galerien bis 21 Uhr geöffnet | **Tipp** Das
Maboneng Township Arts Experience ist zu empfehlen: Der Künstler Siphiwe
Ngwenya nutzt Häuser in Townships für Ausstellungen und bietet Touren dazu an
(Tel. +27/218241773, www.maboneng.com).

34_ Das Gandhi-Denkmal

In der Uni trifft man auf den großen Inder

Im November 2008 wurde an der University of Western Cape (UWC) eine Büste Mahatma Gandhis (1869–1948), gefertigt vom 1949 geborenen indischen Künstler Gautam Pal, feierlich eingeweiht. Das Werk war ein Geschenk des indischen Staates. Mit diesem festlichen Akt sollte zum einen der große Inder, der wesentliche Jahre seines Lebens in Südafrika verbrachte, geehrt werden, zum anderen die Universität im Stadtteil Bellville, die über viele Jahre ein aktives Bollwerk gegen Rassismus und Apartheid war.

Mahatma Gandhi kam 1884 als junger Anwalt nach Südafrika und sollte sich hier für die nächsten zwei Jahrzehnte politisch engagieren. Er setzte sich vor allem für die Rechte der etwa 60.000 in Südafrika lebenden Inder ein, die zunehmend unter der Diskriminierung durch Briten und Buren zu leiden hatten. Während seiner Jahre in Südafrika und im Widerstand gegen eine immer schikanösere Gesetzgebung seitens der Regierung hatte Gandhi die Philosophie des gewaltfreien Widerstandes, die »Satyagraha«, entwickelt, die schließlich nach der Rückkehr in seine Heimat auch zur Befreiung Indiens von der britischen Herrschaft führte.

Die 1959 während der Apartheid gegründete Universität war von Anbeginn an die Hochschule der ausgegrenzten Coloureds. Farbige Studenten wurden damals an Universitäten der Weißen nicht mehr zugelassen. 1975 erhielt die Western Cape Universität den ersten schwarzen Rektor, ab 1982 wurde offen gegen die Apartheid protestiert.

Die Universität mit ihren 15.000 Studierenden an sieben Fakultäten unterhält auch das »Mayibuye Zentrum« für Geschichte und Kultur, die umfangreichste Archivsammlung Südafrikas zu Unterdrückung, Diskriminierung und Apartheid, die auch mit dem Robben Island Museum assoziiert ist. Das Zentrum dokumentiert nahezu lückenlos den studentischen Widerstand gegen das Regime und seine Ideologie und den Befreiungskampf.

Adresse University of the Western Cape (UWC), Robert Sobukwe Road, Bellville, Kapstadt 7535, Tel. +27/219592911, www.uwc.ac.za | **Anfahrt** mit dem Pkw auf der N 2 aus Kapstadt kommend vor dem Flughafen auf die M 10, die auf die Robert Sobukwe Road führt; Metrorail blaue Linie, Haltestelle Unibell | **Tipp** Eine eindrucksvolle Gandhi-Statue steht auch vor dem Hoteleingang des Mount Nelson Hotels in der Orange Street in der Innenstadt. In der UWC gibt es auch eine Büste des früheren Erzbischofs Desmond Tutu.

35__Die Gräber Peers

Höhlen mit menschlichen Spuren aus der Steinzeit

Noch heute sind die Höhlen, die Victor Peers 1927 entdeckte, geheimnisumwoben. Zuweilen erschallen hier, hoch oben auf dem mächtigen Felsmassiv über Fish Hoek, die Gesänge von Xhosa-Frauen. Mit Kultgeräten und Kerzen ausgestattet halten sie in der Höhle Andachten, um auf ihre Weise mit den Ahnen Verbindung aufzunehmen, welche eigentlich auch nur Neueinwanderer des 16. Jahrhunderts waren.

Aber schon Jahrtausende zuvor gab es in »Peers Cave« Menschen. In dem zum nationalen Kulturdenkmal erklärten Ort finden sich primitive rote Felszeichnungen an den Decken. Noch heute entdeckt man im Geröll kleine Ecken und Splitter altertümlicher Steinwerkzeuge.

Der Hobbyarchäologe Victor Peers und sein Sohn Bertie hatten die Höhle aufgespürt und neun Gräber entdeckt, darunter die Überreste des »Fish Hoek Menschen«. Sein Skelett wurde zunächst auf 15.000 Jahre geschätzt. Archäologen, die Peers den unachtsamen Umgang mit der Fundstätte bis heute verübeln, meinen, dass die Gebeine kaum mehr als 7.300 Jahre alt seien.

Wer die »Gräber Peers« besuchen möchte, muss einiges beachten. Es gibt von der Landstraße M 64 kommend einen Zugang mit Parkplatz, von wo man nach etwa zwei Kilometern Fußweg die Höhle erreicht. Allerdings wird dringend davor gewarnt, alleine oder auch nur als Paar durch das dicht bewachsene, wenig einsehbare Gelände zu laufen. Auch auf dem Parkplatz sollte kein Auto unbewacht stehen, sagen die Anwohner. Wer von einem sicheren Ort aus hinauf zu den Höhlen möchte, kann zum Parkplatz des Sportclubs in Fish Hoek fahren. Dann allerdings muss man auf dem etwa zwei Kilometer langen, mühsamen Weg fast 200 Höhenmeter überwinden, teilweise geht es recht steil nach oben. Festes Schuhwerk ist erforderlich. Aber der Besuch lohnt allein schon wegen des überwältigenden Blicks über das weite Tal hinaus zur False Bay.

Adresse Silvermine Nature Reserve, Ou Kaapse Weg, Fish Hoek, Muizenberg, Kapstadt 7966 | **Anfahrt** mit dem Pkw von Kapstadt kommend die M 3, dann M 4 Richtung Muizenburg und Fish Hoek, dann rechts in die M 64, nach 2 Kilometern Parkplatz rechts; nur mit erfahrenen Führern in kleinen Gruppen ratsam; Alternative: in Fish Hoek in die Kommetje Road, 20th Avenue rechts, nach 100 Metern rechts Sportplätze mit relativ sicheren Parkplätzen | **Tipp** Das Fish Hoek Valley Museum in der Central Cir in Fish Hoek gibt weitere Einblicke zu »Peers Cave«, zur Geschichte des Ortes und des Walfangs (Tel. +27/217821752, geöffnet Di−Sa 9.30−12.30 Uhr).

36__Der Grabstein

In Kirstenbosch wird ausgestorbener Pflanzen gedacht

Kirstenbosch rühmt sich, weltweit der erste Botanische Garten gewesen zu sein, der sich bei der Gründung (1913) vor allem dem Erhalt der regionalen Flora verschrieben hat. Bis heute dominieren auf dem 528 Hektar großen Areal am Osthang des Tafelbergs unter den 700 Arten die einheimischen Pflanzen. In nur wenigen Ecken der Welt findet sich eine so große Pflanzenvielfalt wie in der regenreichen Kap-Region mit ihren gemäßigten Temperaturen.

Ein unauffälliges, einzigartiges Denkmal erinnert aber daran, wie viele Arten nicht mehr existieren: Der wuchtige, flache Grabstein im »Garten des Aussterbens« ist, stellvertretend für alle ausgestorbenen Pflanzen, der Erica pyramidalis gewidmet, einem früher in der Region beheimateten Heidekraut, das es seit 1907 nicht mehr gibt. Vor allem die rasche Besiedlung des Kaps hatte damals die ursprüngliche, bunt gemischte Fynbos-Vegetation verdrängt.

In den sorgsam gepflegten Beeten rund um den Grabstein befinden sich fast 1.500 Pflanzen, die heute vom Aussterben bedroht sind. Bei dem kleinen Rundweg durch die gefährdete Flora informieren Schilder vor den Gewächsen jeweils über die bedrohte Art, wo und warum sie in Gefahr ist, aber auch, was für ihren Erhalt getan wird. Hier wächst auch eine von den Botanikern offenbar in letzter Sekunde gerettete und wieder aufgepäppelte Verwandte des auf dem Grabstein betrauerten Heidekrauts, nämlich die Erica verticillata.

Der Besuch dieses ungewöhnlichen Gartens lohnt in jedem Fall, wer sich allerdings auf einen Spaziergang durch das 36 Hektar große Gelände des wunderschönen, weitläufigen Botanischen Gartens macht, sollte sich über die Attraktionen vorher informieren. Denn ohne Karte und Plan sind die hundert Jahre alten Bäume, die Xhosa-Hütte mit den Kräutern für Naturmedizin oder die Schutzhecke aus wilden Mandelbäumen (1660 gegen die »Buschmänner« errichtet) schwer zu finden.

Adresse Botanical Gardens, Rhodes Drive, Newlands, Kapstadt 7735, Tel. +27/217998783, www.sanbi.org/gardens/kirstenbosch | **Anfahrt** mit dem Pkw von Kapstadt über die M3, Ausfahrt Kirstenbosch; Bus Golden Arrow, Route Mowbray–Kirstenbosch, Haltestelle Kirstenbosch; »Hop on-hop off«-Bus, Haltestelle Kirstenbosch | **Öffnungszeiten** Sept.–März täglich 8–19 Uhr, April–Aug. täglich 8–18 Uhr; ehrenamtliche Führer bieten Mo–Sa Touren durch die Gärten an | **Tipp** Zwischen November und April finden in Kirstenbosch jeden Sonntag spätnachmittags auf der Freiluftbühne Konzerte aller Art statt, mit regionalen Popgrößen oder Jazzgruppen bis hin zu klassischen Konzerten.

37__Das Grand Café

Entspannen direkt am Strand

Das Grand Café ist *das* Beach-Restaurant der Stadt, wenngleich es mit Schimmys Beach Club an der Waterfront inzwischen ein ähnliches Lokal gibt. Vielleicht gehört das Grand Café kulinarisch nicht zu den allerersten Top-Restaurants der Stadt, aber die Küche (afrikanisch und französisch) kann sich sehen lassen. Die Drinks sind erstklassig, und die Lage ist einmalig: dicht an der Waterfront und nahe dem Green-Point-Stadion, den Tafelberg und Signal Hill im Rücken, mit Blick aufs offene Meer und die vorbeiziehenden Schiffe. Das Grand Café ist ein Refugium zum Relaxen auf hohem Niveau. Mit einem guten Drink am Sandstrand unter schattigen weißen Schirmen zu sitzen, versetzt den Gast in eine eigenwillige Stimmung. Irgendwie ist man der Stadt plötzlich ganz fern.

Eine Strandkneipe hat es hier schon jahrelang gegeben, ein wenig heruntergekommen, mit unkalkulierbaren Öffnungszeiten. 2009 hat ein Gastronomen-Konsortium die Location übernommen und auf Vordermann gebracht. Die frühere Werfthalle wurde aufwendig umgebaut, mit einer 15 Meter langen Bar und einer Lounge versehen und um eine Life-Style-Galerie ergänzt, in der man sich über eine große Kollektion an Panama-Hüten wundert.

Der Clou freilich ist der Strand. Auf einer großen Holzterrasse, die man über Stege erreicht, stehen die Tische für diejenigen, die am Wasser essen möchten. Im Sand gibt es großräumig verteilt Sitzgarnituren, gemütliche Liegen und bequeme Sessel. An den beiden Beach-Bars werden Drinks gemixt, während man die Füße im Sand baumeln lässt. Allerdings: Zum Baden ist das Areal wegen des Seegangs ungeeignet.

Hier an der Granger Bay weht ein Hauch von Côte d'Azur. Ins Grand Café führt der Kapstädter mit Vorliebe seine auswärtigen Gäste und kann sie so überraschen. Touristen tummeln sich bevorzugt an der nahen Waterfront. Das Grand Café wird gern für Events gebucht, denn feiern kann man hier auch – gut und ungestört.

Adresse Grand Café, Haul Road (Granger Bay), Green Point, Kapstadt 8005, Tel. +27/214250551, www.grandafrica.com | **Anfahrt** mit dem Pkw auf den Granger Boulevard und dann in die Haol Road bis zu den Parkplätzen; Bus 104, Haltestelle Somerset Hospital oder Breakwater | **Öffnungszeiten** Di–Sa 12–23 Uhr, So Lunch, 30. Juni–31. Juli geschlossen | **Tipp** Es gibt ein weiteres Grand Café in Camps Bay, Victoria Road 35. Ein paar Meter weiter stößt man in Camps Bay auf das angesagte Café Caprice.

38__Das Grand Daddy

Auf dem Dach übernachten

Wer jung, abenteuerlustig und in Partylaune ist, aber nicht mehr in den Backpacker-Unterkünften Kapstadts wohnen möchte, könnte im Grand Daddy die ideale Herberge finden. Das Vier-Sterne-Hotel ist in vieler Hinsicht schrill und ungewöhnlich. Wer hier abends seinen Drink in der Sky Bar auf der Dachterrasse unter einem offenen Beduinenzelt nimmt, befindet sich zwischen meist jungen Gästen, denen die oft laut dröhnende Musik bestens gefällt.

Auf dem Dach kann man aber auch residieren: Sieben unterschiedlich und phantasievoll gestaltete Wohnwagen bieten einige der originellsten Quartiere der Stadt. Junge Künstler und Innenarchitekten haben die Wohnwagen nach verschiedenen Themen wie »Afro Funk« oder »Der Zauberer von Oz« gestaltet. Kleine Gartenzäune, rote Briefkästen und Pflanzen verstärken den Campingplatz-Charakter.

2008 hatte der experimentierfreudige Hotelchef in den USA die klassischen, aluminiumverkleideten Airstream-Wohnwagen geordert, die dann mit einem Kran heraufgehievt wurden. So entstand auf dem Dach – von dem man auf die turbulente Long Street schauen kann – und vor der Kulisse des Tafelbergs und der City-Hochhäuser eine einzigartige Atmosphäre, die sichtlich die Gäste zum Feiern und Tanzen animiert. Montags verwandelt sich das Dach in das Terrassenkino »Pink Flamingo Open Air Cinema« mit 32 Sitzplätzen. Gezeigt werden Filmklassiker wie »Casablanca« oder »Pretty Woman«. Das vierstöckige Eckhaus verfügt noch über 26 normale, komfortable und farbenfrohe Zimmer sowie die Daddy Cool Bar mit leichtem Rotlichtflair, das Restaurant L'Apero und einen Aufzug aus dem 19. Jahrhundert, den ältesten der Stadt. Schon 1895 hatte hier am Anfang der Long Street das Hotel Metropole gestanden, es wurde zu einem Wahrzeichen der »Mother City«. Genau auf diesen Kosenamen für Kapstadt anspielend entstand der Hotelname »Grand Daddy«.

Adresse Grand Daddy Hotel, 38 Long Street, City, Kapstadt 8000, Tel. +27/214247247, www.granddaddy.co.za **| Anfahrt** nahe der Strand Street; Bus 101, Haltestelle Mid Long Street; »Hop on-hop off«-Bus, Haltestelle Long Street Tour Office **| Öffnungszeiten** Sky Bar Mo 16.30–18.30 Uhr, Di–Sa 16.30–21.30 Uhr **| Tipp** Das »Mama Africa« in der Long Street ist ein Klassiker (Restaurant und Musikkneipe), den man sich nicht entgehen lassen sollte. Täglich außer sonntags gibt es afrikanische Livemusik.

39 __ Das Hai-Denkmal

Bewegte Skulptur auf Hightech-Basis

Haie sind ein großes Thema am Kap. An vielen Stränden wehen Hai-Signalflaggen, die mit unterschiedlichen Farben die jeweils aktuelle Haigefahr verkünden. Fast jede Saison gibt es vor der Küste Zwischenfälle, zuweilen enden sie für Taucher, Surfer oder Schwimmer tödlich. Vor allem die gefürchteten weißen Haie sind auch eine Touristenattraktion: Beim Haitauchen werden in Käfigen Mutige ins Wasser gelassen, dann Fischköder ausgeworfen. So werden die Tiere in seichte Gewässer gelockt. Auch Hai-Forscher und Tierschützer, die sich besonders um den Erhalt dieser teilweise vom Aussterben bedrohten Großfische kümmern, arbeiten in Instituten und Organisationen der Kap-Region. Die harmloseste Art, sich mit dem Thema zu konfrontieren, ist ein Besuch der ungewöhnlichen Hai-Installation mitten in Kapstadt.

Seit 2007 schweben auf dem Jetty Square, einem kleinen, ruhigen und trotz Pflasterbemalung nicht sonderlich attraktiven Platz, fünf Hai-Skelette in drei Meter Höhe. Sie bewegen sich mit dem Wind und scheinen in der Luft zu schwimmen. Das technisch anspruchsvolle Kunstwerk bezieht den Besucher mit ein: Nähert sich jemand den Haien, so bewegt sich dank eines sensiblen Infrarotsenders in der Nase der Tiere der Metallfisch in Windrichtung, und man hört einen flötenartigen Ton, dessen Intensität sich nach der Windstärke richtet.

Der südafrikanische Künstler Ralph Borland hat im Auftrag der Stadt diese Installation geschaffen, die eine Verbindung schafft zwischen Stadt und Natur, Mensch und Tier. Die Skulptur soll daran erinnern, dass die Stadt den Boden, auf dem sie steht, zumindest teilweise der Natur abgerungen hat. Wo heute die Metallhaie schweben, schwammen vor einem guten halben Jahrhundert echte Fische. In den 1960er und 1970er Jahren wurde die Bucht aufgeschüttet, um Land für die wachsende Stadt zu gewinnen, auch für den Bau des nahen Kongresszentrums CTICC.

Adresse 12 Jetty Street, City, Kapstadt 8001 | **Anfahrt** Fußgängerzone St. George Mall zwischen Long Street und Heerengracht Street; Bus 101/104/106/107, Haltestelle Convention Centre; »Hop on-hop off«-Bus, Haltestelle Cape Town International Convention Centre | **Tipp** Die Hai-Forschungs- und Schutzeinrichtung »Save our Seas« Shark Centre South Africa (SOSF) in Kalk Bay bietet Informationen und Veranstaltungen rund um das Thema Hai (www.saveourseas.com).

40_ Der Heritage Square

Ein Block voller Überraschungen

Dass die Gebäude im Karree zwischen Buitengracht, Hout, Short-market und Bree Street noch stehen, ist dem Einsatz der Kapstäd-ter Architekten und Denkmalschützer sowie zahlreichen einflussrei-chen Bürgern zu verdanken. Dass der Komplex heute in neuem Glanz erscheint, geht auf das Konto des Cape Town Heritage Trusts, einem unabhängigen Non-Profit-Unternehmen der Stadt und der Provinz-verwaltung, der sich dem Ziel verschrieben hat, das architektonische und kulturelle Erbe Kapstadts zu erhalten und die Innenstadt neu zu beleben.

Mitte der 1980er Jahre hatte die Stadtverwaltung beschlossen, im Rahmen des Baus einer neuen Stadtautobahn den maroden Block am Riebeeck Square mit seinen heruntergekommenen Stadthäusern aus dem 18. und 19. Jahrhundert abzureißen. Geplant war an dieser Stelle ein gigantisches Parkhaus für 2.000 Fahrzeuge. Der westlich der City gelegene, ursprünglich 1771 entstandene Häuserblock mit seinen verwinkelten Bürger- und vor allem auch Handwerkerhäu-sern und dem charmanten Innenhof wurde schließlich dem 1987 ge-gründeten Cape Town Heritage Trust übereignet, der den Block ab Mitte der 1990er Jahre grundsanierte und ihm schließlich seinen Na-men gab.

Der Blick in den Heritage Square ist eine Reise ins Kapstadt des 18. Jahrhunderts. Aber der Block mit seinen originalgetreu wieder-hergestellten kapolländischen und georgianischen Fassaden bietet vieles darüber hinaus: ausgezeichnete Restaurants, Kunstgalerien, ein Filmstudio, eine Schmiede und das in ein 1780 errichtetes Gebäude integrierte Cape Heritage Hotel. Es lohnt der Gang durch dessen Lobby, in der eine Fotogalerie in die Historie des Heritage Square einführt, bevor der Besucher den verwunschenen Innenhof erreicht, in dem man, fern vom hektischen Treiben der Stadt, an den Tischen eines der sechs Restaurants Platz nehmen kann, angeblich unter Kap-stadts ältestem Weinstock, der hier 1781 gepflanzt wurde.

Adresse Heritage Square, 90 Bree Street, City, Kapstadt 8000 | **Anfahrt** über die Buitengracht Street bis zur Ecke Hout Street; Bus 101, Haltestelle Longmarket Street, oder Bus 105, Haltestelle Strand Street; »Hop on-hop off«-Bus, Haltestelle Long Street Tour Office | **Öffnungszeiten** Hotel-, Restaurant- und Geschäftszeiten gewöhnlich täglich 11 – 23 Uhr | **Tipp** In wenigen Schritten ist man am Greenmarket Square, einem der muntersten Souvenirmärkte der Stadt.

41__Die Imhoff-Farm

Drei Dutzend Läden unter einem Dach

Auf dem Weg zum Kap, entlang der Örtchen Kommetjie und Scarborough, fallen die Kamele auf, die auf einer Wiese am Straßenrand in der Sonne ruhen und auf Kundschaft warten. Und wenn man genauer hinschaut, entdeckt man die weitläufige Imhoff-Farm, zu der die Wüstentiere gehören, die hier nur eine von zahlreichen kleinen und größeren Attraktionen sind. Durchquert man das Farmgelände, gelangt man an eine riesige Koppel mit rund 40 Pferden. Diese zählen heute zum Kerngeschäft des 1743 errichteten Landhauses, das seit gut 25 Jahren als Freizeitpark mit vielen Facetten betrieben wird. Ausritte durch die abwechslungsreiche Landschaft, vor allem an dem kilometerlangen Dünen-Sandstrand vom nahen Noordhoek entlang, gelten als außerordentlich reizvoll.

Das Farmgebäude hat eine bewegte Geschichte, die mit der Dutch East India Company begann. Um ihren Schiffen vor den gefährlichen Winterstürmen einen sicheren Hafen zu verschaffen, veranlasste Gouverneur Gustaaf Willem van Imhoff den Bau des Hafens mit Dockanlagen an der Stelle, wo sich heute die Stadt Simon's Town befindet, die nach dem ersten Kap-Gouverneur Simon van der Stel benannt wurde. Van Imhoff ließ Versorgungslager errichten und 1743 eine Farm nahe Noordhoek bauen, die die Schiffe mit Proviant versorgen sollte.

Seit 1912 betreibt die heutige Besitzerfamilie das Anwesen, das 1958 einem verheerenden Großbrand zum Opfer fiel. Vieles wurde wieder originalgetreu aufgebaut und vor 25 Jahren die Imhoff-Farm zur Freizeitoase umfunktioniert.

Heute gibt es auf dem Gelände etwa 30 kleine, meist in Eigenregie geführte Läden, Galerien, Handwerksbetriebe, eine Käserei, eine Schokoladenmanufaktur, eine Töpferei, den Weinhandel, einen Friseur und eine Schlangenfarm. Dazu drei Restaurants, von denen das Blue Water Café mit seinem Blick auf das Wildevoel Vlei und seinem kleinen See besticht.

Adresse Kommetjie Road, Kommetjie, Kapstadt 7975, Tel. +27/217834545, www. imhofffarm.co.za | **Anfahrt** mit dem Pkw über die M3 aus Kapstadt kommend, dann die M64 und M65; man kann auch über den Chapman's Peak Drive durch Noordhoek fahren (M6) | **Öffnungszeiten** täglich 9–17 Uhr, Pferdereiten: Mo–So, Ausritte dreimal täglich, Tel. +27/827741191; Kamelreiten: Di–So 12–16 Uhr, für lange Ausritte sind Reservierungen notwendig, Tel. +27/217891711 | **Tipp** Unweit der Imhoff-Farm liegt die Noordhoek Farm mit ähnlichem Konzept.

42___Das Irma Stern Museum

Der exzentrische Lebensstil der großen Künstlerin

Eine Einladung zum Dinner in das Haus der zuweilen etwas exzentrischen Künstlerin Irma Stern war im Kapstadt der 40er und 50er Jahre des vergangenen Jahrhunderts heiß begehrt. Schon damals war ein Abend im Domizil der berüchtigten Kettenraucherin im Stadtteil Rosebank fast wie der Besuch eines Museums, denn die berühmteste expressionistische Malerin Südafrikas schmückte das von außen eher unscheinbare Gebäude üppig mit eigenen Werken, aber auch mit Objekten anderer Künstler.

Eine lange dunkle Tafel, geschnitzte Stühle, bemalte Schränke und viel roter Samt im Esszimmer vermitteln dem Besucher noch heute eine Ahnung von der bedeutungsvollen, etwas schwülstigen Atmosphäre, die hier bei einem Abendessen geherrscht haben muss. Wenige Jahre nach Sterns Tod 1966 wurde das Haus wirklich zu einem Museum. Das original erhaltene, pittoreske Studio der eigenwilligen Malerin belegt mit vielen afrikanischen Skulpturen und Stoffen den Einfluss Afrikas auf ihr Werk.

Stern war stolz auf die Vielfalt ihrer Arbeit, die Öl- und Aquarellbilder, Zeichnungen und Figuren umfasste. Für sie wurde alles zum Objekt künstlerischer Gestaltung: Möbel, Türen, Fenster, Wände. Bereits zu ihren Lebzeiten stattete die Künstlerin ihr Haus mit zahllosen Antiquitäten, afrikanischen Artefakten und orientalischer Kunst, aus Sansibar importierten Türen sowie edlen Möbeln aus Europa aus.

Irma Stern, Tochter deutsch-jüdischer Einwanderer, ist eine der wenigen südafrikanischen Künstlerinnen, die auch international große Beachtung fanden. 2011 wurde eines ihrer Werke für umgerechnet drei Millionen Euro verkauft. Studiert hatte sie an der Kunstakademie in Weimar. 1926 kehrte sie nach einigen Erfolgen in Europa nach Südafrika zurück. Fast vier Jahrzehnte lebte sie dann in Rosebank. In dem heutigen Museum befindet sich im ersten Stock auch eine Galerie mit Werken zeitgenössischer Kunst, die man erwerben kann.

Adresse Cecil Road, Rosebank, Kapstadt 7700, Tel. +27/216855686, www.irmastern.co.za |
| **Anfahrt** mit dem Pkw auf der N 2 aus Kapstadt kommend Ausfahrt 6 D, Rhodes Avenue,
rechts in die Cecil Road; Metrorail rote Linie, Haltestelle Rosebank | **Öffnungszeiten**
Di−Fr 10−17 Uhr, Sa 10−14 Uhr | **Tipp** Die Mostert's Mill von 1796, direkt an der
Stadtautobahn M 3 gelegen, ist die einzige noch in Betrieb befindliche Windmühle Afrikas
südlich der Sahara (Besichtigung nur nach Voranmeldung bei »Friends of Mostert's Mill«,
Rhodes Avenue, Mowbray, Cape Town 7975, Tel. +27/217821305).

43__Das Kap

Einmal am Kap der Guten Hoffnung sein

Der Trubel ist zuweilen trotz vieler Parkplätze und guter Organisation gewaltig. Aber den Besuchern bietet sich am stets windigen Ende des Landzipfels auch ein phantastisches Küstenpanorama. Viele glauben, nun an der Südspitze Afrikas zu stehen. Doch der südlichste Punkt ist am Kap Agulhas, gut 150 Kilometer weiter östlich. Dennoch dachten Seefahrer jahrhundertelang mit Sehnsucht und Furcht an das »Cape of Good Hope«. Denn hier, wo sich erstmals spürbar der kalte Benguelastrom und der warme Agulhasstrom treffen, verlief bis zum Bau des Suezkanals (1869) der Schiffsweg nach Indien, und hier endeten auch viele ehrgeizige Handelsträume und Expeditionen.

Der Komponist Richard Wagner verewigte die Ängste der Seefahrer in der Oper »Der fliegende Holländer«. Das Werk handelt von der Sagengestalt des niederländischen Kapitäns Bernard Fokke, der am Kap im Kampf gegen die Urgewalten von Sturm und See Gott und die Natur verflucht. Dafür wird er auf ewig verdammt, mit seinem Geisterschiff über die Meere zu irren. Sage und Oper entsprangen der Phantasie, die vielen Schiffskatastrophen am stürmischen Kap waren lange Wirklichkeit. Hunderte Schiffswracks liegen vor den Felsen und Stränden auf dem Meeresgrund. Selbst als hier 1859 der Leuchtturm errichtet wurde, versank das Kap des Nachts wegen dichten Nebels und peitschenden Regens für etwa 900 Stunden im Jahr im Dunkeln.

Wer heute zu dem nicht mehr benutzten Leuchtturm in 238 Metern Höhe emporsteigt, hat einen atemberaubenden Blick über die zerklüftete Küste, einsame Buchten und den Nationalpark. Zumindest einen Teil der Steigung können Besucher mit einer kleinen Bergbahn zurücklegen. Auf den sechs Wandertouren im Kap-Nationalpark begegnet man häufig Straußen, Springböcken und Pavianen, und man sieht unzählige Vögel, von denen hier 200 verschiedene Arten leben. Allerdings: Man muss auch auf Schlangen achtgeben.

Adresse Eingangsgebäude zum Nationalpark, M 65 Plateau Road, Simon's Town, Kapstadt 7975; Buffelsfontein Visitor Centre (im Park): Tel. +27/217809204, www.tmnp.co.za | **Anfahrt** mit dem Pkw von Kapstadt auf die M 3 Richtung Muizenberg, dann auf der M 4 Richtung Simon's Town und weiter Richtung Süden, das Cape of Good Hope ist ausgeschildert | **Öffnungszeiten** Okt.–März 6–18 Uhr, April–Sept. 7–17 Uhr (Vorsicht: Ordnungsstrafen für den, der den Nationalpark zu spät verlässt) | **Tipp** Schwimmen und picknicken, aber auch angeln kann man in den kleinen Buchten und an den Sandstränden des Kap-Nationalparks. Besonders empfehlenswert: die Pools am Buffels Bay (Tour-Busse dürfen nicht hierher).

44__Die Kaphäuser
Architektur und Lebensstil am Kap

Wer das strohgedeckte »Schreuderhuis« mit seinen niedrigen, winzigen Räumen und Lehmböden betritt, erlebt eine kleine Zeitreise in die Vergangenheit. Eine freundliche ältere Frau mit der für das 18. Jahrhundert typischen Kopfhaube – und mehrere Kleider übereinander tragend – schildert Besuchern gerne das Alltagsleben in der Kolonialzeit. In den kargen, 1709 erbauten Räumen ohne Glasfenster lebten die ersten Einwanderer aus den Niederlanden, aus Deutschland und Frankreich – mit offenem Feuer in der Küche, den von der Decke hängenden Zwiebelknospen sowie dem einfachen Mobiliar. Sie alle fühlten sich als Pioniere, die mit ihrer Kultur und Religion die Zivilisation in den Süden Afrikas bringen.

Das von einem Deutschen erbaute Schreuderhaus ist das älteste von den vier originalgetreu erhaltenen Gebäuden. Jedes einzelne repräsentiert architektonisch und in der Inneneinrichtung eine andere Periode der Stadtentwicklung. Die Häuser mit ihren kleinen, für die jeweilige Zeit typischen Vorgärten bilden das Zentrum des 1962 eröffneten Stellenbosch Dorfmuseums.

Das 1782 errichtete Bletterman Haus, schon sehr viel komfortabler als das von Schreuder gebaute, diente lange als Gerichtsgebäude, dann als Schule und später als Polizeiquartier. Wie schnell die Buren zu Reichtum kamen, lässt sich vor allem am fast schon pompös mit feinen englischen Möbeln eingerichteten Grosvenor Haus erkennen. Das zweistöckige Herrenhaus wurde 1803 gebaut und ist bis heute unverändert.

Das »Kruithaus« aus dem Jahr 1771 gilt als das einzig noch erhaltene Lagerhaus aus jener Zeit. Hier dominierte vor allem die Dutch East India Company das Wirtschaftsleben: Das Gebäude wurde als Waffen- und Pulverhaus und zu militärischen Schulungen genutzt. Zum Stellenbosch Museum gehört neben dem Dorfmuseum auch eine Sammlung von Spielzeug und Puppen der vergangenen zwei Jahrhunderte sowie eine Spielzeugeisenbahn.

Adresse Stellenbosch Village Museum, 18 van Ryneveld Street, Stellenbosch 7600, Tel +27/218872902, www.stelmus.co.za | **Anfahrt** mit dem Pkw von Kapstadt die N 2 stadtauswärts, R 310 nach Stellenbosch, den Schildern Richtung Dorp Street folgen, links in die Drostdy Street | **Öffnungszeiten** Mo – Sa 9 – 17 Uhr, Sept. – März So 10 – 16 Uhr, April – Aug. So 10 – 13 Uhr | **Tipp** Der kunterbunte Kramladen »Oom Samie Se Winkel« in der Dorp Street bietet eine verwirrende Vielfalt von Porzellan, Delikatessen, Souvernirs, Wein, Werkzeug und Textilien.

45__Das Kastell

Im Castle of Good Hope die Kolonialzeit erspüren

Von Soldaten, Matrosen und Sklaven auf Befehl der Dutch East India Company zwischen 1666 und 1679 gebaut, ist das Castle of Good Hope das älteste feste Kolonialgebäude Südafrikas. Jan van Riebeeck hatte zuvor in einem Holzhaus auf der Grand Parade Quartier bezogen. Eine Besonderheit des Kastells: Es hat niemals in der jahrhundertelangen Geschichte einen Angriff auf die Festung gegeben, und sie ist bei allen geschichtlichen Turbulenzen bis heute das Hauptquartier des Western Cape Military Kommandos, wird also immer noch militärisch genutzt. Sehenswert sind die morgendliche Wachablösung und die Schlüsselübergabe durch Militär in historischen Uniformen.

Aus Gestein vom unteren Tafelberg, aus Muschelkalk des Steinbruchs auf Robben Island (mühsam von Sklaven mit Schiffen herbeigeschafft) und aus Holz aus Hout Bay entstand eine fünfeckige Burgkonstruktion mit jeweils einer vorgelagerten Bastion an jeder Ecke. Dazu kamen die 180 Meter lange und zehn Meter hohe Festungsmauer und ein das Kastell umgebender Wassergraben. Das 1683 errichtete Portal am Haupteingang unterhalb des Glockenturms zeigt einen Löwen mit sieben Pfeilen, die die damaligen außereuropäischen Provinzen der Niederlande repräsentierten. Im Innern wurden verschiedene Verwaltungs- und Wohngebäude errichtet, da die Festung nicht nur militärischen Zwecken diente: Hier machten Schiffsbesatzungen auf ihrem langen Weg nach Indien Station. Der ursprünglich zum Meer hin gelegene Eingang wurde, damals noch dicht am Wasser, auf Geheiß des Gouverneurs Simon van der Stel wegen immer wiederkehrenden Überschwemmungen durch Hochwasser und Sturmfluten zur Seite hin verlegt, wo er sich auch heute noch befindet. Durch die Erweiterung des Kapstädter Hafens und ständig neue Erdaufschüttungen in den 1940er Jahren hat sich die Lage des Kastells nunmehr weiter in die Stadt verschoben.

Adresse Darling Street, Ecke Castle Street, City, Kapstadt 8000, +27/217871084, www.castleofgoodhope.co.za | **Anfahrt** von der Adderley Street über die Darling oder Strand Street; Bus 102, Haltestelle The Castle; »Hop on-hop off«-Bus, Haltestelle The Castle of Good Hope | **Öffnungszeiten** täglich 9 – 16 Uhr, letzter Einlass 15.30 Uhr; geführte Touren Mo – Sa 11, 12 und 14 Uhr, Besichtigungen buchen über Tel. +27/217871249 | **Tipp** Das Kastell beherbergt das Kapstädter Militärmuseum, die ständige Ausstellung der William Fehr Collection mit afrikanischen Motiven europäischer Künstler sowie afrikanische Möbel – und die Good Hope Galerie für zeitgenössische afrikanische Kunst.

46_ Die Katakomben

Geheimnisvolle Unterwelt der Innenstadt

Wer eine Führung in die kaum bekannten unterirdischen Katakomben Kapstadts bucht, sollte auf ein nasses, zuweilen etwas unwirtliches Abenteuer vorbereitet sein und sich entsprechend kleiden. Vor allem wasserdichte Schuhe und Jacken sind gefragt. Dafür bekommt man bei der von kundigen Führern geleiteten Expedition in die Unterwelt ungewöhnliche Einblicke in die Geschichte der Metropole.

Die ersten Kolonialherren, die Niederländer, nutzten schon Mitte des 17. Jahrhunderts den Wasserreichtum unterhalb des Tafelbergs, um ein offenes Kanalsystem zur Versorgung der Schiffe im Hafen mit Frischwasser anzulegen. Straßennamen wie Buitengracht oder Heerengracht sind aufgrund dieser Kanäle (niederländisch: »grachten«) entstanden. Damals wurde Kapstadt zeitweise wegen der vielen Wasserwege sogar »Little Amsterdam« genannt. Unter der britischen Herrschaft aber wurden Ende des 19. Jahrhunderts die offenen Kanäle geschlossen, um Platz für Häuser und Straßen zu schaffen.

Heute haben zwei Tour-Anbieter ein- bis dreistündige Führungen durch das verzweigte Untergrundsystem im Angebot. Meist starten die kleinen Gruppen mit dem Einstieg durch einen unscheinbaren Schacht außerhalb der Mauern des Castle of Good Hope. Der Kanaldeckel wird angehoben, und man klettert, ausgerüstet mit Helm, Stirnlampe und Gummistiefeln, die Eisenstiegen hinab. Ziel der Expedition ist meist ein Ausgang weiter oben im Stadtteil Gardens. Derzeit sind die Katakomben lediglich eine Touristenattraktion. Allerdings gibt es die Initiative Reclaim Camissa, die den natürlichen Wasserreichtum für die Wasserversorgung der Stadt nutzen möchte. Das würde Kapstadt unabhängiger von Wasser aus fernen Quellen machen. Camissa – »Ort der süßen Wässer« – hatten schon die Kap-Ureinwohner vom San-Volk das Gebiet zu Füßen des Tafelbergs wegen der zahlreichen, aus 36 Quellen gespeisten Bäche genannt.

Adresse Castle of Good Hope, Buitenkant Street, City, Kapstadt 8001 | **Anfahrt** dicht am Kastell; Bus 102, Haltestelle The Castle; »Hop on-hop off«-Bus, Haltestelle The Castle of Good Hope | **Öffnungszeiten** Führungen nach Absprache tagsüber oder abends über Good Hope Adventures, www.goodhopeadventures.com, oder Teambuilding Figure of 8, www.fo8.co.za | **Tipp** Im Club The Dragon Room, 84 Harrington Street, befindet sich die Tanzfläche unterirdisch in einer Katakombe (Tel. +27/214618701).

47_ Die Khayelitsha Mall

Shoppen in den Cape Flats

Nicht alle Townships sind heute Elendsviertel, aber noch immer leben dort viele Millionen bitterarmer Schwarzer und »Farbiger«. Das Apartheidregime zwang vor 1994 fast alle nicht weißen Südafrikaner in solche Siedlungen, meist am Rande der großen Städte, in Kapstadt in die sogenannten Cape Flats mit elenden Lebensbedingungen.

Heute hat sich das teilweise geändert. Zahlreiche staatliche Bauprojekte, eine wachsende Versorgung auch vieler Wellblechhütten mit Strom und Wasser sowie ein enorm hoher Sozialetat halfen, viele Millionen aus dem Hungerdasein zu befreien. Manche Townships entwickelten sich zu akzeptablen, zuweilen sogar attraktiven Wohngegenden. So weit ist Khayelitsha, Kapstadts größte Township, noch nicht. Aber den Wandel dieser für Elend und Gewalt berüchtigten Millionen-Siedlung belegt anschaulich das Shoppingcenter am Rande Khayelitshas, 2005 als erste Mall in einer Township der Provinz eröffnet.

Es gibt wenig Weiße in dieser Mall, aber auch Touristen können in den etwa 40 Geschäften unbeschadet shoppen. Allerdings fehlen hier aller Luxus und Überfluss, die so manch andere Geschäftszentren Kapstadts auszeichnen. Alle größeren Ketten Südafrikas wie Checkers, Spar, Ackermans oder Pep Stores haben hier ihre Läden, die großen Banken Filialen. Das eher bescheidene Warenangebot richtet sich vor allem an Kunden, die oft von weniger als umgerechnet hundert Euro im Monat leben. Immerhin bietet die Mall 800 Menschen Arbeitsplätze. Es gibt hier auch Büros von Sozialbehörden und Polizei sowie ein Magistratsgericht und überall Sicherheitskräfte und Überwachungskameras. Wer diese Mall besucht, wird mit den sozialen Realitäten Südafrikas konfrontiert. Allerdings sorgen allerlei Quacksalber, Wunderheiler, Polit-Aktivisten, Rechtsberater, Lotterieverkäufer und Wahrsager mit ihren kleinen, mobilen Ständen für etwas Abwechslung und Farbe.

Adresse Kreuzung Walter Sisulu und Steve Biko Road, Khayelitsha, Kapstadt 7784 |
Anfahrt Benutzung eines Autos empfohlen, am besten in kleiner Gruppe oder organisiert;
von Kapstadt die M 2, Richtung Somerset West, Abfahrt M 45 Walter Sisulu Road |
Öffnungszeiten Mo–Sa 9–17 Uhr | **Tipp** Das Khayelitsha Museum im Ortsteil Mandela
Park zeigt die Geschichte des Townships und seiner hauptsächlich aus Xhosa zusammen-
gesetzten Bevölkerung (geöffnet Mo–Fr 9–16 Uhr, Sa und So 10–12 Uhr).

48__Das Kolonialdenkmal

Hier wird Vasco da Gama gedacht

Obwohl der Portugiese Bartolomeu Diaz 1488 als erster Europäer die Südspitze Afrikas umsegelt hatte, erteilte Portugals König Manuel I. Vasco da Gama den Auftrag, die wichtige Handelsroute nach Indien vollständig zu erkunden. Mit dieser Leistung ging er in die Geschichte ein, Diaz blieb der historische Glanz versagt. Am Kap allerdings gedenkt man beider Pioniere der Seefahrt, aber an unterschiedlichen Orten. Das Diaz-Denkmal – in der klassischen Form des Steinkreuzes – steht in der Nähe des Besucherzentrums des Nationalparks. Das sehr ähnlich gestaltete Da-Gama-Denkmal wurde nahe des Strandes in Buffels Bay, unterhalb des Leuchtturms, errichtet. Beide Monumente wurden 1965 vom Staat Portugal gestiftet. Unterhalb des Vasco-Da-Gama-Monuments stößt man auf eine Reihe kleiner, einsamer Strände.

Da Gama war es, der 1497 in geheimer Mission seinem Land endgültig die wichtige Seeroute nach Indien eröffnete und damit Portugals Stellung als Weltmacht förderte. Fast hundert Jahre lang hatten vor allem die Portugiesen versucht, mit einer neuen Seeroute den arabischen, persischen, türkischen und venezianischen Zwischenhandel für die kostbaren Gewürze Asiens auszuschalten. Am 20. Mai 1498 schließlich landete da Gama an der indischen Malabarküste. Erstmals hatte ein europäisches Schiff Indien über See erreicht.

Afrika spielte auch bei weiteren portugiesischen Seefahrt-Missionen eine untergeordnete Rolle. Vasco da Gamas Schiffe lagen ein einziges Mal länger am Kap vor Anker, für 16 Tage in der St. Helena Bay. In seinen Tagebüchern berichtet er über »Menschen brauner Hautfarbe«, die sich von Seelöwen, Gazellen und Wurzeln ernährten, sowie über die faszinierende Tierwelt, zu der erstaunlicherweise auch Pinguine gehörten. Seine Aufzeichnungen sind erste Beschreibungen vom Leben am Kap, wo gut 150 Jahre später die ersten niederländischen Kolonialisten landen sollten.

Adresse Eingangsgebäude des Nationalparks, M 65 Plateau Road, Simon's Town, Kapstadt 7975; Buffelsfontein Visitor Centre (im Park): +27/217809204, www.tmnp.co.za | **Anfahrt** mit dem Pkw von Kapstadt auf die Bundesstraße M 3 Richtung Muizenberg, dann auf der M 4 Richtung Simon's Town und weiter Richtung Süden, »Da Gama Cross« ist ausgeschildert | **Öffnungszeiten** täglich Okt.–März 6–18 Uhr, April–Sept. 7–17 Uhr (Vorsicht: Ordnungsstrafen, wenn man länger als erlaubt im Nationalpark am Kap bleibt) | **Tipp** Die Höhle »Antonie's Gate« am Rand von Buffels Bay (nahe des Besucherzentrums im Nationalpark) sollte man sich ansehen. Der Legende nach hat hier im 18. Jahrhundert der entlaufene Sklave Lalu Abdul Dea Koasa gelebt, dem spirituelle Kräfte nachgesagt werden. Beliebt bei muslimischen Pilgern.

49 Die Kolonialhäuser

Flanieren durch viktorianisches Ambiente

Simonstad, 1687 von den Holländern wegen seiner windgeschützten Lage als Hafen für die Schiffe der Dutch East Indian Company errichtet und nach dem damaligen Gouverneur Simon van der Stel benannt, wurde von den Briten 1795 eingenommen. Diese bauten den Ort ab 1814 zu einem Marinestützpunkt aus und benannten ihn um in Simon's Town. Noch heute zeugt die sogenannte Historische Meile im Zentrum, die St. George's Street, von der Boomzeit der Stadt, als die Briten sie im viktorianischen Stil ausbauten und erweiterten. Die über 20 bunten, teilweise hölzernen Häuser mit ihren verspielten Fassaden und ausladenden Balkons zur Hauptstraße hin sind immer noch ein faszinierendes Zeugnis dieser Epoche. Besonders das Admiralty House und die Palace Barracks stechen heraus. Man sollte auch einen Blick auf die alte Residenz des Governeurs von 1777 werfen, in der heute das Simon's Town Museum untergebracht ist, das vieles zur Stadtgeschichte und Architektur zeigt und eine ausgiebige Dokumentation der Zeit der Apartheid bietet. Bis Mitte der 1950er Jahre war Simon's Town ein wichtiger britischer Marinestützpunkt mit Hafen- und Befestigungsanlagen. Heute ist der Hafen ein zentraler Stützpunkt der südafrikanischen Marine mit einer angeschlossenen Werft zur Reparatur von Kriegsschiffen.

Simon's Town verfügt über eine kleine Waterfront mit Fischrestaurants und zahlreichen Trödel- und Antiquitätenläden, vor allem rund um den Jubilee Square nahe am Hafen. Dort steht auch das Bronzedenkmal der dänischen Dogge »Just Nuisance«, ihres Zeichens Mannschaftsmaskottchen und »Mitglied« der britischen Navy während des Zweiten Weltkriegs, das es zu Ruhm und Ehre gebracht hat. Simon's Town ist der südlichste Punkt und Endstation der Metrorail, die in den Sommermonaten mitunter Züge einsetzt, die ein wenig komfortabler sind als die normalen und sogar einen Restaurantbetrieb anbieten.

Adresse St. George's Street, Simon's Town, Kapstadt 7975, www.simonstown.com |
Anfahrt mit dem Pkw von Kapstadt oder vom Kap auf der M 4; Metrorail rote Linie,
Haltestelle Simon's Town (Endstation) | **Tipp** Der Boyes Drive ist eine alternative Straße
zwischen Muizenberg und Simon's Town hoch am Berg, die man von der M 4 erreicht. Das
Spielzeugmuseum in der St. George's Street lohnt einen Besuch, auch das Naval Museum
zur Geschichte des Marinestützpunktes. Auf der vorgelagerten Seal Island kann man von
Juni bis November Wale beobachten.

50_ Das Labia

Kapstadts ältestes Kino lebt

Das Labia blickt auf eine 65-jährige Geschichte zurück und ist damit das älteste Kino Kapstadts. Gleichzeitig ist es eines der schönsten Lichtspielhäuser der Stadt. In den 1940er Jahren war das Haus im Stadtteil Gardens ein Ballsaal der nahen italienischen Botschaft, 1949 wurde daraus ein Theater und Varieté.

Zum Kino umgebaut wurde es Mitte der 1970er Jahre, womit es eine inzwischen rund 40-jährige cineastische Vergangenheit aufzuweisen hat. 1989 übernahm der aus Namibia stammende Anwalt Ludi Kraus das in die Jahre gekommene und entsprechend abgewirtschaftete Labia, baute es um, ohne aber seinen Charakter wesentlich zu verändern. Damit etablierte er das älteste unabhängige Kunstkino des Landes. In den Anfangsjahren stand Ludi Kraus ständig im Konflikt mit der Zensur des Apartheidregimes, ab 1994 konnte er auf die Leinwand bringen, was er wollte. Heute ist das Labia die Speerspitze des anspruchsvollen und gleichzeitig unterhaltenden Programmkinos.

Das Kino verfügt insgesamt über 400 Sitzplätze, aufgeteilt auf vier Säle, von denen der traditionelle mit 176 Sitzen der größte ist. Die Bestuhlung ist noch original, allerdings mit einer neuen, bequemen Bepolsterung versehen. Überhaupt ist im Labia vieles wie früher. Das hölzerne Tickethäuschen im gemütlichen Eingangsfoyer mit seinen roten Sesseln und Sofas stammt noch aus den frühen Theaterzeiten, ebenso die kleine Snackbar und die Außenterrasse. Man kann sein Glas Wein oder Bier mit in den Kinosaal nehmen. Gezeigt werden dem überwiegend anspruchsvollen Publikum Qualitätsfilme, darunter viele europäische Produktionen, freilich ohne auf Blockbuster aus Hollywood ganz zu verzichten. Der Schwerpunkt des Programms liegt aber abseits des cineastischen Mainstreams. In einer Kooperation mit einigen umliegenden Restaurants gibt es an zahlreichen Tagen der Woche zu einem guten Essen zwei Kinokarten fürs Labia inklusive.

Adresse 68 Orange Street, Gardens, Kapstadt 8000, Tel. +27/214245927, www.thelabia.co.za | **Anfahrt** über die Buitengracht Road in die Orange Street; Bus 101, Haltestelle Government Avenue; »Hop on-hop off«-Bus, Haltestelle Mount Nelson Hotel | **Öffnungszeiten** Anfangszeiten sind der Tagespresse oder dem Internet zu entnehmen. | **Tipp** Das Asoka, 68 Kloof Street, bietet dienstags und donnerstags Live-Jazz und eine vorzügliche Asia-Küche unter Kapstadts ältestem Olivenbaum. Im Sommer wird das Dach des alten viktorianischen Stadthauses teilweise geöffnet (Tel. +27/214220909).

51___Das Labour Museum

Die Geschichte der Aufstände und Streiks

Das schlichte Museumsgebäude in der Township Lwandle verweist auf den traurigen Stellenwert der Wander- und Gastarbeiter Südafrikas während der Apartheid-Zeit. Im Innern des im Jahr 2000 eröffneten Museums belegen Alltagsgegenstände sowie Dokumente, Fotos und Grafiken das elende Schicksal von Millionen Menschen, die in Südafrika unter miserabelsten Bedingungen leben und schuften mussten. Ein originalgetreues Hostel für sechs schwarze Arbeiter ist Teil des Museums. Die Arbeiter kamen zum Teil von weit her, manche aus Simbabwe, Malawi oder Lesotho, denn Arbeit, selbst sehr schlecht bezahlte, gab es vor allem in den weißen Ballungsgebieten rund um die Bergwerke und Industrieanlagen. Die weißen Herrscher pferchten sie in den beengten Baracken und Hütten der Townships zusammen.

Es waren vor allem Männer, die fern von ihren Familien für einen Hungerlohn arbeiteten. Die schwarzen Frauen, die überwiegend in Haushalten, Küchen und im Tourismusbereich gebraucht wurden, lebten getrennt von den Männern. Ein Ausbrechen aus diesem Schicksal war nicht nur deshalb sehr schwer, weil es ansonsten keine Arbeits- und Verdienstmöglichkeiten gab. Das Apartheidregime hatte zudem die Bewegungs- und Reisefreiheit der Schwarzen mit einer strikten Ausweisregelung, den sogenannten »Reference books«, eingeschränkt. Der Zorn über diese Schikanen war oft Auslöser für heftige Proteste.

Das »Lwandle Migrant Labour Museum« wurde 2009 als bestes Museum der Provinz ausgezeichnet. Fotomontagen, Kunstfotografien und Installationen südafrikanischer Künstler beschäftigen sich mit dem Thema Heimat und Entwurzelung. Als wertvollstes Stück des Museums gilt die Fotogalerie »Transported of KwaNdebele« des südafrikanischen Star-Fotografen David Goldblatt. Regelmäßige Filmvorführungen, in denen Arbeiter aus der vordemokratischen Zeit berichten, legen ein bewegendes Zeugnis vom damaligen Alltag ab.

BLOCK 42
BLOCK 39
BLINK 29

Adresse Lwandle Migrant Labour Museum, Old Community Hall, Vulindlela Street, Lwandle, Kapstadt 7140, Tel. +27/218456119, www.lwandle.com | **Anfahrt** mit dem Pkw aus Kapstadt auf der N2 nach Somerset West, Ausfahrt Broadlands Drive, 1. Straße rechts, links halten in die Nunqubela Street, zweimal 1. Straße links | **Öffnungszeiten** Mo–Fr 8–16 Uhr | **Tipp** Nicht weit vom Labour Museum, in der Mondeor Road, trifft man auf das Tierfreigehege »Monkey Town« (Somerset West, Tel. +27/218581060, www.monkeys.co.za).

52 — Das Langa-Kulturzentrum

Kunst und Musik in der Township

Das Guga S'Thebe Art and Culture Centre ist mehr als nur ein spannendes Kulturzentrum. Der architektonisch anspruchsvolle und mehrfach ausgezeichnete Baukomplex mit seinen Wandmalereien, Mosaiken und Skulpturen ist auch ein wichtiges Fortbildungszentrum für die vielen arbeitslosen jungen Menschen Langas. Die kommunale Einrichtung hat klug unterschiedliche Angebote gebündelt: Tourismusbüro, Sozialberatung, Kunstwerkstätten, Musik- und Tanzkurse für Groß und Klein, Lehrstätten für Keramiker, Schlosser und Schreiner. Im Amphitheater und in den Sälen gibt es Kindertheater und Konzerte, aber auch Konferenzen und politische Versammlungen.

»Guga S'Thebe« bedeutet in der Sprache der Xhosa »alternder Teller«. Gemeint ist damit der traditionelle Gemeinschafts-Servierteller, um den sich im Haus alle versammeln. Das 1999 eröffnete Zentrum soll »Langas Bewohner ermutigen, Verantwortung zu übernehmen«, betonen die lokalen Reiseleiter. Den Besuchern werden einstündige bis ganztägige Touren durch Langa, die älteste Township Kapstadt, angeboten. Dabei wird man hautnah mit dem Alltag und den Realitäten in diesem sozialen Brennpunkt konfrontiert. Langa wurde 1927 als erste große und zusammenhängende Wohnstätte für billige Arbeitskräfte errichtet. Die erste Township der Region lag stadtnah und war aus Sicht der Sicherheitskräfte gut einsehbar, und damit leicht kontrollierbar. Denkmäler und Kunstwerke verweisen sowohl auf den langen Kampf der Menschen für demokratische Rechte als auch auf den Versuch, sich vom Elend nicht unterkriegen zu lassen und mit Bildern und Skulpturen etwas Ästhetik und Bleibendes in die Tristesse von Baracken und Wellblechhütten zu bringen. Als Kapstadt 2014 Welt-Design-Hauptstadt war, wurde Langa Teil des »Maboneng Township Arts Experience« – seither können Kunstausstellungen in Privathäusern von Langa besucht werden.

Adresse Guga S'Thebe Art and Culture Centre, Washington Street, Langa, Kapstadt 7455 | **Anfahrt** mit dem Pkw vom Stadtzentrum die N 2 (Nelson Mandela Boulevard), links halten auf M 2, Ausfahrt 12, Bhunga Avenue, 3. Straße rechts in die Washington Street; Bus Golden Arrow, Route Cape Town – Village 3 und Village 3 – Langa; Metrorail blaue Linie, Haltestelle Langa | **Öffnungszeiten** Mo – Fr 8 – 16.30 Uhr, Sa und So 8 – 14 Uhr | **Tipp** Das ungewöhnliche »Denkmal an den Marsch der 30.000« am Washington Square erinnert an die Proteste der Schwarzen in Langa gegen das Sharpeville-Massaker am 30. März 1960 (500 Meter vom Kulturzentrum entfernt).

53_ Der Leopard

Wie das Raubtier auf den Felsen kam

Kaum jemand weiß heute, dass die Kap-Halbinsel noch vor knapp hundert Jahren von Raubtieren belebt war, auch von Leoparden. Aber immer hatten es Jäger und Wilderer auf die scheuen, stolzen Tiere abgesehen. 1930 soll nahe Hout Bay der letzte Leopard geschossen worden sein, andere Überlieferungen sagen, dass das letzte gesichtete Exemplar aus dem Jahr 1937 datiert und am Little Lion's Head gesehen worden sein soll. Wie dem auch sei. In Erinnerung an die ausgerotteten Leoparden und andere wilde Tiere der Kap-Region wurde 1963 am Ende des Hout Bay Beach auf einem steil aufragenden Felsen eine riesige Leopardenfigur installiert, gesponsert von einem großen Getränkekonzern. Konzipiert und modelliert hatte die 295 Kilogramm schwere Bronzestatue der in Hout Bay lebende südafrikanische Bildhauer und Autor Ivan Mitford-Barberton (1896–1976), der schon in den 1930er Jahren die spektakuläre Außenfassade des Mutual Heights in Kapstadt mit seinen riesigen Figuren entworfen hatte, das seinerzeit mit über 90 Metern höchste Gebäude Afrikas.

Mitford-Barbertons Eltern gehörten 1820 zu den ersten britischen Siedlern in Südafrika. Er studierte in London bei dem berühmten Bildhauer Henry Moore, kehrte 1927 nach Südafrika zurück und eröffnete in Hout Bay ein Atelier. Den Gedanken, einen Leoparden zu modellieren, hatte er schon viele Jahre, die ersten Entwürfe reichen zurück bis zum Ende der 1930er. Realisiert aber wurde das Projekt erst in den frühen 60ern.

In einer luftigen Gerüstkonstruktion aus Holz und Bambus, zwischen Felsen und dem Hochufer installiert, wurde die Bronzestatue in einer halsbrecherischen Aktion an den heutigen Standort gehievt und fest verankert. Meist fährt man am Leoparden vorbei, und wenn man ihn aus dem Augenwinkel heraus wahrnimmt, fragt man sich unwillkürlich: Wie kommt er da denn hin, und warum gerade ein Leopard?

Adresse Hout Bay, Kapstadt 7806, am Ende des Hout Bay Beach Richtung Noordhoek | **Anfahrt** an der Ortsausfahrt M 6 von Hout Bay zum Chapman's Peak auf der rechten Seite | **Tipp** Ein Besuch des Hout Bay Museums in der Andrews Road ist lohnenswert. Hier gibt es auch eine Dokumentation über den Bau des Chapman's Peak Drive.

54_ Der Leuchtturm

Die Seemarke am Green Point

Diesen Leuchtturm hat 1824 ein Deutscher gebaut. Der Architekt Hermann Schütte (1761–1844), der 1790 nach Kapstadt kam, hier Fuß fasste und fortan sein ganzes Leben lang als Baumeister und Bildhauer tätig war, erhielt vom Gouverneur den Auftrag, am markanten Green Point einen befestigten Leuchtturm zu errichten. Zuvor hatte sich der als Steinmetz für die Dutch East India Company arbeitende Bremer bei einem Sprengunfall im Steinbruch von Robben Island schwer verletzt, sodass er vom Dienst freigestellt wurde und fortan als freier Architekt arbeitete, der die Bautätigkeit Kapstadts wesentlich mitbestimmte.

Schütte baute am Green Point einen quadratisch ausgerichteten Turm mit massivem Mauerwerk, der heute mit seinen rot-weißen diagonalen Linien ein nationales Denkmal ist. Das Lighthouse war der erste Leuchtturm an der südafrikanischen Küste überhaupt. Ursprünglich mit Pottwal-Öl und Petroleum betrieben, leuchteten die Signale rund vier Seemeilen weit. 1865 wurde der Leuchtturm von ursprünglich 16 Metern auf seine heutige Höhe von 20 Metern aufgestockt, 1926 erhielt er ein neumodisches Nebelhorn, und drei Jahre später wurde er elektrifiziert. Damit reichte das Leuchtfeuer des Turms weithin sichtbar bis zu 25 Seemeilen, um die Schiffe vor der felsigen Küste zu warnen. Der alle zehn Sekunden blinkende Leuchtturm, das Wahrzeichen am Green Point, ist bis heute funktionsfähig.

Der Stadtteil Green Point entlang der Main Road war schon zu Apartheidzeiten ein Vergnügungsviertel der Weißen. Mit der Etablierung der Waterfront und deren Anziehungskraft schlossen in Green Point viele Lokalitäten, Teile rutschten ins Rotlichtmilieu ab. Nicht zuletzt durch die Fußballweltmeisterschaft 2010 und den Bau des neuen Stadions erfuhr Green Point eine Renaissance und wartet heute abseits der vielen Grünflächen wieder mit einer munteren Kneipen- und Restaurantszene auf.

Adresse Green Point Lighthouse, 100 Beach Road, Mouille Point, Kapstadt 8005, Tel. +27/214495172 und +27/217809232 | **Anfahrt** südlich der Waterfront in die Beach Road; Bus 104, Haltestelle Lighthouse; »Hop on-hop off«-Bus, Haltestelle Green Point and Urban Park | **Öffnungszeiten** ganzjährig zu besichtigen, Mo−Fr 10−15 Uhr | **Tipp** Ein zweiter Stadtleuchtturm steht auf der Woodbridge Island im Vorort Milnerton und wurde 1960 gebaut.

55 Das Löwengehege

Wilde Tiere in Vredenheim

Die weißen Löwen sind faszinierend; geschmeidig und majestätisch laufen die mächtigen Raubtiere hinter den hohen Gitterzäunen auf und ab. Manchen Besucher des Weinguts Vredenheim beschleicht aber ein befremdliches Gefühl beim Anblick der gefangenen Großkatzen in Nähe ihres natürlichen Lebensraums. Sogar am Kap gab es früher Löwen. Die Tierpfleger betonen allerdings, dass weiße Löwen, vor allem wenn sie jung sind, in der freien Natur wegen ihres auffälligen Fells besonders gefährdet seien und oft den Kampf in der Wildnis nicht überlebten. Wilddiebe tun ihr Übriges. In den Freigehegen des »Big Cat Park« in Vredenheim werden die Tiere – neben Löwen auch Leoparden und Tiger – sichtlich sorgsam gepflegt, sie haben auch deutlich mehr Auslauf als ihre Artgenossen in einem normalen Zoo.

Das 321 Jahre alte Weingut Vredenheim möchte sich mit dem Tierpark und den frei umherlaufenden Straußen, Zebras und Kudus von den vielen anderen schönen Weingütern rund um Stellenbosch abheben. Allerdings lohnen in Vredenheim, malerisch vor den Helderberg Mountains gelegen, auch die schöne Parkanlage mit dem kleinen See oder das gepflegte Restaurant »Barrique« mit vielen Tischen auf der Veranda einen Besuch. Neben den mehrfach prämierten Weinen bietet das Gut mehrere Sorten selbst gebrauten Bieres an.

Vredenheim gehört zu den ältesten Anwesen in Stellenbosch, von hier stammt die erste geografische Skizze des Gebiets. 1691 hatte der erste Gouverneur der niederländischen Kapkolonie, Simon van der Stel, das Gut dem aus Osnabrück stammenden Kaufmann und Unternehmer Hendrik Elbertz zugesprochen. 1798 wurde das heute noch bestehende lang gezogene Haupthaus im klassischen kapholländischen Stil gebaut. Heute steht es unter Denkmalschutz. Seit 1986 befindet sich das Gut im Besitz der Familie Bezuidenhout, die schon seit Generationen am Kap lebt.

Adresse Weingut Vredenheim, Stellenbosch 7600, Tel. +27/218813878, www.vredenheim.co.za | **Anfahrt** mit dem Pkw von Kapstadt kommend die Schnellstraße N 2 Richtung Stellenbosch, Ausfahrt Baden-Powell (Landstraße R 310) Richtung Stellenbosch, nach etwa 10 Kilometern kommt Vredenheim | **Öffnungszeiten** Mo–Fr 9–17 Uhr, Sa und So 10–15 Uhr | **Tipp** Das nahe Weingut Boschendal ist wegen seiner schönen Parkanlagen und den üppigen Imbisskörben zum Picknicken berühmt (Boschendal Wine Farm, Abfahrt von der Landstraße R 310 in die Pniel Road, Tel. +27/218704274).

56_Das Maritime Centre
Bemerkenswertes zur Seefahrt Südafrikas

Dieses eher unscheinbare Museum im oberen Geschoss des 1919 errichteten Union-Castle Hauses im alten Teil des Hafens gibt lohnenswerte Einblicke in die maritime Geschichte Kapstadts vom 17. bis zum 20. Jahrhundert. Es zeigt den Einfluss des Hafens auf die Entwicklung der Stadt und ihrer Einwohner und die Veränderung der Tafelbucht durch Menschenhand.

Bis zur Mitte des 19. Jahrhunderts hatte Kapstadt lediglich einen kleinen provisorischen Hafen, die Wasserlinie reichte noch bis zum Castle of Good Hope. Da die meisten Schiffe weiter seewärts vor Anker lagen, wurden sie häufig Opfer heftiger Stürme und Unwetter. Als sich die Londoner Lloyd's weigerte, Schiffe vor Kapstadt weiter zu versichern, entschied man sich zum Ausbau eines befestigten Hafens und eines massiven Schutzwalls. Heute ist Kapstadt mit einem jährlichen Hafenumschlag von über elf Millionen Tonnen Gütern der drittgrößte Industriestandort Südafrikas. Die ursprünglichen Becken wurden zur V&A Waterfront umfunktioniert und zur Touristenattraktion.

Im Maritime Centre begegnet man dem ersten Modell des Kapstädter Hafens von 1885, der von Gefangenen des am Wasser liegenden Breakwater-Gefängnisses unter menschenunwürdigen Bedingungen errichtet wurde. Zu sehen sind zahlreiche große Schiffsmodelle der Union-Castle Line, der späteren Postlinie zwischen London und Kapstadt. Bedeutende Schiffskatastrophen werden illustriert und Schiffswracks rund um Kapstadt gezeigt. Ein Schwerpunkt der Ausstellung sind eindrucksvolle Bilder der 20.000 Fotografien umfassenden Sammlung des John H. Marsh Maritime Research Centre mit Schiffen der 1920er bis 1960er Jahre. Die Marsh Collection hat über 9.000 Schiffe registriert, aufgelistet und im Detail beschrieben. Teil des Maritime Centres ist außerdem eine Bibliothek mit einem Archiv alter Lokbücher, Seekarten und Schiffsregister. Der Kurator beantwortet kompetent alle Fragen.

Adresse Union-Castle House, Dock Road, V&A Waterfront, 1. Etage, Kapstadt 8000, Tel. +27/214052880, www.iziko.org.za/museums/maritime-centre | **Anfahrt** zur Waterfront; Bus 104, Haltestelle Nobel Square; »Hop on-hop off«-Bus, Haltestelle Aquarium oder Clock Tower | **Öffnungszeiten** Mo–So 10–17 Uhr | **Tipp** Von der Waterfront aus lohnt eine Hafenrundfahrt.

57 Die Marmortreppe

Nelson Mandelas großer Auftritt nach der Freilassung

Es ist der 11. Februar 1990. Erst seit wenigen Stunden ist Nelson Mandela in Freiheit – nach 27 Jahren Haft auf Robben Island und in anderen Gefängnissen, zuletzt im Victor Verster Prison, dem heutigen Drakenstein Correctionel Centre in Paarl in den Winelands. An diesem Tag beginnt ein neues Kapitel südafrikanischer Geschichte, er markiert das unumkehrbare Ende des seit 1948 das Land tyrannisierenden Apartheidregimes. Eingeleitet vom damaligen Präsidenten Frederik Willem de Klerk, der dafür 1993 gemeinsam mit Nelson Mandela den Friedensnobelpreis erhält. Dem Ende der Rassentrennung vorausgegangen waren der jahrelange weltweite Boykott Südafrikas und immer massiver werdende Unruhen im Land.

100.000 Menschen haben sich auf der Grand Parade versammelt, dem einstigen Exerzier- und heutigen Marktplatz. Seit Stunden warten sie auf diesen historischen Augenblick. Sie sind voller Freude und Spannung, die Luft vibriert, wie es in Zukunft bei allen öffentlichen Auftritten des Freiheitshelden sein soll. Nelson Mandela, seine damalige Frau Winnie und Kampfgefährten des African National Congress (ANC) betreten die Marmorstufen der City Hall. Hier hält Nelson Mandela unter dem Jubel der Menschen seine berühmt gewordene »Freiheitsrede«. Er beginnt mit den Worten »Amandla! i-Afrika, mayibuye!« (Die Macht dem Volk! Afrika ist unser!). Das Signal für den friedlichen Übergang von der Apartheid zur Demokratie. Nelson Mandela wurde von 1994 bis 1999 der erste schwarze Präsident Südafrikas.

Heute beherbergt die City Hall, dieses 1905 im Stil der italienischen Renaissance erbaute alte Kapstädter Rathaus mit einem dem Big Ben in London nachempfundenen Uhrenturm, den Konzertsaal für das Cape Town Symphonie Orchester. Die Funktion als Rathaus hatte die City Hall bereits 1979 durch den Umzug der Stadtspitze und der Verwaltung in das nahe Cape Town Civic Center verloren.

Adresse City Hall, Darling Street, City, Kapstadt 8001 | **Anfahrt** von der Strand Street über die Adderley Street; Bus 102/103, Haltestelle Darling Street; »Hop on-hop off«-Bus, Haltestelle The Castle of Good Hope | **Öffnungszeiten** Innen ist die City Hall nur im Rahmen von Veranstaltungen zu besichtigen. | **Tipp** Im Großen Konzertsaal der City Hall finden regelmäßig Konzerte des Cape Town Symphonie Orchesters statt. Zweimal wöchentlich gibt es auf der Grand Parade einen Markt.

58 Die Meerwasserpools

Relaxed schwimmen im Angesicht der Wellenbrecher

Der Sea Point Pavillon Swimming Pool ist ohne Übertreibung eines der ausgefallensten und schönsten öffentlichen Freibäder der Welt. Er liegt unmittelbar an der fünf Kilometer langen Sea Point Promenade am Atlantischen Ozean mit seinem rauen Seegang. Da, wo man als Normalsterblicher wegen tückischer Strömungen, vieler Felsklippen und dem recht kalten Wasser des Benguelastroms eigentlich nicht ins Wasser gehen sollte, stößt man auf das großzügige Freibad, das einen Besuch lohnt. Wenn es richtig stürmt, schlagen riesige Wellen an die Außenwände der Becken, spritzt die Gischt bis in die Pools und vermittelt bei Wassertemperaturen um die 20 Grad eine besonders prickelnde Atmosphäre.

Gebaut noch zu Zeiten der Apartheid – Sea Point war ein streng weißer Stadtteil der Kapstädter Mittelschicht – und in den 2000er Jahren grundlegend renoviert, bietet das Schwimmbad mit gereinigtem und gefiltertem Meerwasser, klar und ständig kontrolliert, ein 50-Meter-Becken mit olympischen Normen, einen Kinder-Pool, einen Fun-Pool und einen Tauch-Pool für Kunstspringer mit einem Fünfmeterbrett.

Das Bad ist ganzjährig geöffnet, die Temperatur des Wassers misst sich an den Außengraden. In den südafrikanischen Wintermonaten hat es selten über 15 Grad. Entsprechend großartig sind die Temperaturen im hiesigen Sommer. Unter der Woche sind weniger Badegäste da. Dann kann man mit Blick auf den Atlantik und Robben Island und mit dem Tafelberg im Rücken unter schattenspendenden Palmen relaxen – im Gegensatz zu vielen Kapstädter Stränden, wo man meist vergeblich nach Schattenplätzen sucht.

Die sich in der Verlängerung von Green Point erstreckende Uferpromenade von Sea Point ist eine bevorzugte Strecke zum Joggen und für andere sportliche Aktivitäten. Ein breiter Grünstreifen dicht am Wasser lädt abseits des Autoverkehrs bei einer stets frischen Brise auch zum Picknick ein.

Adresse Sea Point Pavillon, Lower Beach Road, Sea Point, Kapstadt 8005, Tel. +27/214343341 | **Anfahrt** auf der Beach Road Richtung Bantry Bay, am Ende der Promenade von Sea Point; Bus 104, Haltestelle Sea Point Pool; »Hop on-hop off«-Bus, Haltestelle Sea Point | **Öffnungszeiten** täglich Okt.–April 7–19 Uhr, Mai–Sept. 8.30–17 Uhr | **Tipp** Zwischen vielen eher stereotypen Wohnhäusern aus den 1960er und 1970er Jahren ragt das 1922 im kapholländischen Stil gebaute Hotel Winchester Mansion mit gutem Restaurant und üppigem Garten heraus (sonntags Jazzkonzerte im Innenhof). Es gibt in zahlreichen Buchten künstlich angelegte Felsenpools, in denen sich sicher baden lässt.

59__Das M'hudi

Das einzige Weingut in schwarzer Hand

Als ein Abenteuer bezeichnet Diale Rangaka sein Weingut. Es sei noch immer ein Experiment mit ungewissem Ausgang, betont der Ex-Literaturprofessor, denn er ist sich nicht sicher, ob er und seine Familie das ungewöhnliche Weingut langfristig erhalten und wie geplant ausbauen können. Dabei ist M'hudi einzigartig in einer Region, in der sich Hunderte Weingüter, manche mit Weltruf, drängeln. Aber M'hudi ist das einzige komplett in schwarzer Hand. Rangaka sagt, dass man auch deshalb 2009 im Weißen Haus auf den ersten schwarzen US-Präsidenten mit seinem Wein angestoßen habe.

Obwohl das rassistische Apartheidsystem längst Geschichte ist, dominieren nach wie vor Weiße die Weinwirtschaft Südafrikas. Rangaka und seine Familie erwarben 2003 das lange vernachlässigte Anwesen, um sich einen Traum zu verwirklichen. Sie nannten es M'hudi, was der Name einer afrikanischen Romanheldin ist, in der Setswana-Sprache aber auch »Erntearbeiter« bedeutet.

Der sendungsbewusste Gutsbesitzer betont, wie sehr die Nachbarn von den Weingütern Villiera oder Koelenhof geholfen haben. Dennoch geriet M'hudi ökonomisch ins Schleudern, Weinverköstigungen und Gästezimmer wurden mangels Rentabilität aufgegeben. Der Weinverkauf kriselte. »Die Weißen hier sind die Weintrinker, aber manche trauen dem ›schwarzen‹ Wein nicht, die neue schwarze Mittelklasse aber lernt noch, Wein zu trinken.«

M'Hudi produziert 10.000 Hektoliter Wein im Jahr, meist aus den Trauben Chenin Blanc, Sauvignon Blanc und Pinotage, vieles wird exportiert, nach Großbritannien, den USA, aber auch in andere afrikanische Staaten. Die Deutschen seien nur bedingt an seinem Gut interessiert. »Politiker kommen und Gewerkschaftler, aber nicht der Handel«, klagt Rangaka lachend.

Wer sein Weingut besuchen möchte, muss sich anmelden und einen Termin vereinbaren. Irgendwann soll dann auch die Weinstube wieder täglich geöffnet werden.

Adresse M'hudi Farm, Old Paarl Road Koelenhof, Stellenbosch 7605, Tel. +27/219886960, www.mhudi.com | **Anfahrt** mit dem Pkw von Kapstadt die N1 Richtung Somerset West, Abfahrt 32, die M15 Richtung Koopmanskloof, nach 1 Kilometer links in die R101, Old Paarl Road | **Öffnungszeiten** nur nach Vereinbarung | **Tipp** Hausgemachte Säfte, Soßen und andere landwirtschaftliche Produkte gibt es im »BlueJay« auf der Timberlea Obstfarm an der R44, Kreuzung Helshoogte Road.

60 Das Motormuseum

Oldtimer inmitten der Winelands

So etwas erwartet man hier nicht. Von außen betrachtet könnte man denken, vor den typischen Lagerhallen kolonialer Weingüter zu stehen. Aber in den vier sehr gepflegten Gebäuden in der malerischen Umgebung des traditionsreichen Weinguts L'Ormarins befinden sich Raritäten der Autogeschichte, die man an der Südspitze Afrikas nicht unbedingt vermuten würde. Mehr als 220 Wagen, Motorräder und Fahrräder aus aller Welt, von Alfa Romeo über Ferrari und Bugatti bis zum Austro-Daimler Bergmeister, sind hier akkurat ausgestellt. In ganz Afrika gibt es kein vergleichbares Museum.

Das Motormuseum hat den Anspruch, die Entwicklung des Automobils der vergangenen hundert Jahre zu zeigen. Das mag ein wenig hoch gegriffen sein, trotz der beeindruckenden Armada vor allem von Sportwagen von Daimler, Aston Martin oder Jaguar. Das älteste der Ausstellungsstücke ist ein Beeston Motor Tricycle aus dem Jahr 1898. Zahlreich sind auch die Rennwagen, vor allem von Ferrari, aber selbst der seltene March 78b oder eine Chevron B/25/3 sind hier zu bestaunen.

Seit 1969 gehört das Weingut dem südafrikanischen Milliardär und Autoliebhaber Johann Rupert, der dieses Museum schuf. Seine Familie und das Automuseum gerieten 2008 in Südafrikas Schlagzeilen, als sein Sohn Anton mit einem Ferrari F50, der zum Ausstellungsstück für das Museum bestimmt war, einen Unfall auf der Landstraße baute. Johann Rupert wandte sich schließlich in einem offenen Brief an die Öffentlichkeit und betonte, sein Sohn habe keineswegs durch überhöhte Geschwindigkeit oder gar unachtsam den Unfall verursacht. Regelmäßige Fahrten mit den Wagen des Museums seien notwendig, damit Motoren und Getriebe keinen Schaden nähmen. In dem Schreiben gab der Unternehmer unumwunden zu, selbst in jungen Jahren viel schlimmere Dinge mit seinem Alfa Romeo Gulia Super angestellt zu haben. Das liege wohl in den Genen, betonte Rupert.

Adresse Franschhoek Motormuseum/Weingut L'Ormarins, Franschhoek 7690 | **Anfahrt** mit dem Pkw auf der N 2 aus Kapstadt kommend, Ausfahrt 47 rechts auf die R 44, Adam Tass Street, links auf die R 45, Weingut nach 15 Kilometern auf der rechten Seite | **Öffnungszeiten** Mo–Fr 10–17 Uhr, Sa und So 10–16 Uhr | **Tipp** Besuchen kann man auch das Huguenot Monument in Franschhoek mit dem dazugehörigen Museum in der Lambrecht Street zur Geschichte der Hugenotten in Südafrika.

61_Das Musik-Café

Pop, Avantgarde und die beste Pizza in Town

Es dauerte nur wenige Wochen nach der Eröffnung Ende 2016, bis das »Café Roux« unweit des Green Market Square zu den angesagten »Hot Spots« der lokalen Musikszene gehörte. Das Konzept, jeden Abend mit Livemusik zu locken, ging rasch auf. Ursprünglich wollte Manager Michael Louw nur abends öffnen, Karten für die Konzerte vor allem am Eingang verkaufen. Angesichts des Erfolgs lädt das Lokal mit einigen Plätzen auch vor der Tür nun schon zur Mittagszeit ein. Denn auch die Küche hat sich rumgesprochen: Die Spezialität des Hauses, Pizza in vielen Variationen, gilt angeblich als die Beste der Stadt.

In das klimatisierte, stilbewusst eingerichtete Musiklokal passen nur rund 100 Gäste. Mehr werden auch nicht hineingelassen, um die angenehme Clubatmosphäre nicht zu stören. Meistens präsentieren sich hier lokale, junge Musiker, zuweilen aber auch renommierte Künstler. Star zum Auftakt im November 2016 war Richard Stirton, damals gerade der Sieger im südafrikanischen TV-Wettbewerb »The Voice South Africa«. Dann kam die Rockband Watershed, die auch schon in Deutschland Erfolge hatte. Zuweilen lässt sich sogar auch mal ein Star aus dem Ausland hier zu einem kleinen »Gig« verleiten, wie jüngst ein Mitglied der US-Band »The Lumineers«.

Die Ursprünge des Lokals liegen in der idyllischen Noordhoek Farm Village, etwa 30 Kilometer südlich von Kapstadt gelegen. Mitten in dieser malerischen Ferienanlage mit Hotels, Restaurants, Geschäften, Sport- und Spielplätzen befindet sich das besonders kinder- und familienfreundliche Café Roux. Mit einer Reihe von Konzerten lokaler Künstler wurde es dann auch zu einem Fixpunkt der Kap-Musikszene. Die Dependance mitten in Kapstadt soll an diese Tradition anknüpfen – was ihr überaus erfolgreich gelingt. Es empfiehlt sich, Tickets früh, am besten online, zu besorgen. Denn die meisten Shows der Jazz- und Rockbands, von Soul-, Gospel oder Bluessängern sind schnell ausverkauft.

Adresse Café Roux, 74 Shortmarket Street, Kapstadt 8000, Tel. +27/213394438, www.caferoux.co.za | **Anfahrt** MyCiti Bus 101, Haltestelle Longmarket Street, Bus 105, Haltestelle Strand Street | **Öffnungszeiten** Di–Sa 12–1 Uhr | **Tipp**: Jazz-Touren in kleinen Gruppen (»Coffeebeans Routes«) in die Wohnungen von Musikern werden immer populärer (iKhaya Lodge Hotel, 4–5 Dunkley Square, Wandel Street, Tel. +27/21813 9829, www.coffeebeansroutes.com/cape-town-tours/jazz-safari).

62 Das Mutual Heights

Afrikas erstes Hochhaus ist reinstes Art déco

Schon die Fassade ist außergewöhnlich: In Granit gehauene Köpfe von Pavianen, Elefanten und Löwen schauen auf den Passanten herab. Sie gehören zu den eingemeißelten Szenen und Bildern der Kolonialgeschichte Südafrikas an den Frontseiten des Eckhauses. Dargestellt werden Porträts von Männern der afrikanischen Völker wie Xhosa, Kikuyu oder Zulu sowie typische Pflanzen und Tiere der Region. Hohe Fenster sowie einer der längsten steinernen Friese der Welt zieren das älteste Hochhaus Kapstadts, das weitgehend vom Art-déco-Stil, teils aber auch neoklassizistisch geprägt ist.

Das von dem südafrikanischen Architekten Frederick Glennie (1889–1954) entworfene Mutual Heights war bei seiner Fertigstellung 1939 eine Sensation: Mit 91,4 Metern Höhe war der damalige Hauptsitz der Versicherungsfirma Old Mutual das zweithöchste Gebäude des Kontinents nach den Pyramiden in Ägypten. Zudem hatte es den damals schnellsten Aufzug Afrikas. Vorbild für das 18-stöckige Haus war das Empire State Building in New York.

Vor allem im Inneren birgt das Mutual Heights architektonische Schätze. Das wird schon beim Betreten der imposanten, 15 Meter hohen, mit Marmor verkleideten Eingangshalle mit der steilen Treppe und der gold verzierten Decke deutlich.

Wer das Haus näher erkunden möchte, ist auf einen Besuchstermin angewiesen, denn die Hausverwaltung ermöglicht nur gelegentlich Besichtigungen des historischen Gebäudes, das heute exklusive Apartments beherbergt. Die berühmtesten Räume im »Mutual« werden kaum genutzt. Zu ihnen zählt die kühl und streng wirkende, mit schwarzem Marmor gestaltete »Bankhalle«, früher der große Schalterraum der Versicherung. Heute ist er weitgehend ungenutzt, ähnlich wie die Versammlungshalle »Fresco Room« mit Wandmalereien des berühmten südafrikanischen Künstlers Le Roux Smith Le Roux (1914–1963). Seine farbenfrohen Fresken zeigen Szenen aus der Geschichte des Landes.

Adresse Mutual Heights Building, 14 Darling Street, City, Kapstadt 8001,
www.mutualheights.net | **Anfahrt** von der Adderley Street in die Darling Street; Bus 106/107,
Haltestelle Groote Kerk und Darling Street; »Hop on-hop off«-Bus, Haltestelle Long Street
Tour Office | **Öffnungszeiten** nicht öffentlich, Besichtigung nur nach Vereinbarung | **Tipp**
Auch die gegenüberliegende Alte Post (The Old Post Office) ist ein Gebäude im Stil des Art
déco. Das größte Art-déco-Ensemble mit drei Gebäuden steht am Green Market Square: das
Hotel Park Inn, das Protea Assurance Building und das Market House 3.

63_ Das Mzoli's

Braii beim Fleischer von Gugulethu

Es gibt nicht viele Orte in Kapstadt, wo Schwarz und Weiß zusammen feiern. Dieses urwüchsige, deftige Grill-Restaurant ist ein solcher Platz. Das Mzoli's in der Township Gugulethu lockt sie alle gleichermaßen, alle Hautfarben, alle sozialen Schichten. Das Lokal mit einem großen, mit Zeltplanen bedeckten Außenbereich gilt als Geheimtipp für Einheimische und Touristen, denen besonders die niedrigen Preise der Grilladen wichtig sind, und auch für betuchte Kapstädter, die sich hier einfach an bodenständigen Fleischgelagen und dem Volksfestcharakter mancher Sommertage erfreuen.

Der Südafrikaner Ngcawuzele Mzoli hatte 2003 die zündende Idee, eine Fleischerei mit Grill zu eröffnen, die für möglichst viele Menschen attraktiv sein würde. Er begann mit einer Art Garagen-Metzgerei, die aber rasch zu einem richtigen Geschäft und Restaurant mit Hunderten von Sitzplätzen wurde. Die Gäste suchen sich zunächst in den üppigen Metzgereiauslagen ihre Stücke aus, gehen dann mit dem gerade Gekauften einen Raum weiter zu den professionellen Grillmeistern. An manchen Wochenenden feiern hier Hunderte eine einzige große Grillparty. Oft bringt ein DJ die Stimmung zum Kochen und die Leute zum Tanzen und Mitsingen. Selbst einer der populärsten DJs Südafrikas, Christos, heizt hier zuweilen höchstpersönlich ein. Nicht selten gehören auch Promis und Politiker zum Publikum.

Bei Mzoli's scheint Südafrikas Regenbogengesellschaft lebendig zu werden und zu funktionieren. Salate und Pommes frites, Bier und Wein gibt es in den umliegenden Läden (kann man aber auch mitbringen). Als Favoriten der südafrikanischen Braai-Feste gelten die fetten, mit verschiedenen Fleischsorten zubereiteten Würste, die Boerewors, die kräftig gewürzten Lammkoteletts und die scharf präparierten Hühnchenschenkel. Wer möchte, bekommt Messer und Gabel, Mzoli-Stil aber ist eigentlich, alles mit den Händen zu essen.

Adresse Mzoli's Place, NY 115, Gugulethu, Kapstadt 7751, Tel. +27/216381355 | **Anfahrt** mit dem Pkw von Kapstadt kommend die N2 Richtung Muizenburg, Ausfahrt Modderdam Road, geht in die Robert Sobukwe Road über, rechts in die Modderdam Road, dann Duinefontein Road, links in die Klipfontein Road, nach Eisenbahnübergang 1. Straße links | **Öffnungszeiten** täglich von 11 Uhr bis spätabends | **Tipp** Das evangelische Projektzentrum »iThemba Labantu« im Township Philippi lohnt einen Besuch (nur nach Voranmeldung; New Eisleben Road, Tel. +27/213712814, www.ithemba-labantu.co.za).

64_ Die Nationalbibliothek

Sich zurückziehen in den historischen Lesesaal

Man sollte gar keine Hemmungen haben, die prachtvolle, ganz in Weiß gehaltene Nationalbibliothek mit ihrem imposanten Säulenportal am Beginn des Company's Garden, nachdem man sie von außen bestaunt hat, auch zu betreten.

Am Einlass begegnet man freundlichen Menschen, muss den Ausweis zeigen, eine Sicherheitssperre passieren, und schon ist man mittendrin im Zentrum südafrikanischen Geisteslebens. Hier kann man sich zurückziehen, um ein wenig vom Sightseeing zu verschnaufen, aber auch, um in Büchern der Handbibliothek zu blättern oder sich in eine Ecke des Lesesaals zu verziehen, um die nationale und internationale Presse zu studieren. Die altehrwürdigen Lesesäle mit den säulengestützten Galerien und antiquarischen Buchbeständen lohnen einen Besuch.

In völliger Ruhe sitzen hier Dutzende Studenten und Wissenschaftler bei ihren Studien. Denn die Nationalbibliothek, die auch eine Dependance in Pretoria hat, hält alles vor, was in und über Südafrika veröffentlicht wurde und wird. Bücher, Karten, Manuskripte und Publikationen aller Art. Dazu gibt es zahlreiche Nachlässe, Foto- und Spezialsammlungen. Die historisch wertvollsten Bestände werden hier restauriert und archiviert. In der National Library schlägt, eng verbunden mit den Universitäten des Landes und deren 80 Bibliotheken, das geistige Herz des Landes und seiner Kultur. Ein Problem als Folge der Apartheid: Immer noch kann nur gut die Hälfte der schwarzen Bevölkerung lesen und schreiben.

Jahrhundertelang hatte es in Südafrika zwei große nationale Bibliotheken gegeben. Die 1818 von Charles Somerset, dem ersten zivilen Gouverneur der Kap-Kolonie, gegründete South African Bibliothek und die 1887 ins Leben gerufene State Bibliothek in Pretoria. 1998 wurden beide Nationalbibliotheken zur National Library of South Africa zusammengeführt, mit der Zentrale in Kapstadt.

Adresse National Library of South Africa, 5 Queen Victoria Street, City, Kapstadt 8000, Tel. +27/214246320, www.nlsa.ac.za | **Anfahrt** von der Adderley Street kommend am Beginn des Company's Garden; Bus 106/107, Haltestelle Groote Kerk; »Hop on-hop off«-Bus, Haltestelle St. George's Cathedral | **Öffnungszeiten** Mo, Di, Do und Fr 9–17 Uhr, Mi 10–17 Uhr | **Tipp** Am Ende des Company's Garden in der Queen Victoria Street 62 befindet sich mit dem Centre for the Books eine Außenstelle der Nationalbibliothek in einem spektakulären Gebäude im edwardianischen Stil.

65__Der Nobel Square

Die vier Friedensnobelpreisträger Südafrikas

Da stehen sie nebeneinander auf einem Granitpodest, in Bronze gegossen und in Überlebensgröße, die vier großen Südafrikaner. Auf einem kleinen, Ende 2005 in »Nobel Square« umgewidmeten Platz inmitten der Waterfront, zwischen dem historischen Pumpenhaus mit dem Market on the Wharf und dem V&A Hotel. Bei allen Unterschieden haben die vier Persönlichkeiten doch eines gemeinsam: Sie sind Friedensnobelpreisträger Südafrikas und haben Geschichte geschrieben. Albert Luthuli (1898–1967), Stammesführer der Zulu und ehemaliger Präsident des African National Congress (ANC), erhielt den Preis 1960 für seinen gewaltfreien Widerstand gegen die Rassendiskriminierung. Er war der erste afrikanische Friedensnobelpreisträger. Erzbischof Desmond Tutu (geb. 1931) wurde 1984 als engagierter Gegner der Apartheid und Symbolfigur der nationalen Versöhnung ausgezeichnet. Später wurde er Vorsitzender der nationalen Wahrheits- und Versöhnungskommission. 1993 ging der Friedensnobelpreis an den damaligen Präsidenten des weißen Südafrika, Frederik Willem de Klerk (geb. 1936), und an den 1990 nach 27 Jahren aus der Haft entlassenen Nelson Mandela (1918–2013), der ein Jahr später erster schwarzer Präsident Südafrikas wurde. Beide wurden geehrt für den friedlichen Übergang des Apartheidregimes zu einer demokratischen Verfassung. Jede Statue am Nobel Square ziert im Boden ein bedeutendes Zitat der Preisträger.

Die fünfte Skulptur des Platzes »Frieden und Demokratie« gedenkt der Frauen und Kinder und ihres Beitrags im Kampf gegen Apartheid und für Demokratie. Die Realisation des Platzes und der Kunstwerke – eine Idee des damaligen Premierministers von Western Cape Ebrahim Rasool – fußte auf einem landesweiten Wettbewerb. Sieger waren die Entwürfe der Kapstädter Künstlerin Claudette Schreuders für die vier Nobelpreisträger und der 76-jährigen Noria Mabasa für die Skulptur »Peace and Democracy«.

Adresse Dock Road, V&A Waterfront, Kapstadt 8001 | **Anfahrt** zur Waterfront; Bus 104, Haltestelle Nobel Square; »Hop on-hop off«-Bus, Haltestelle Aquarium | **Tipp** Wer Lust auf ein Bier in einem Pub hat, sollte in der Dock Road an der Waterfront in Ferrymans Tavern oder Mitchell's Brewery einkehren.

66 Die Noon Gun

Seit 1806 wird zur Mittagszeit geschossen

Sie gelten als die ältesten noch regelmäßig abgefeuerten Kanonen der Welt. Immer um Punkt 12 Uhr mittags, und das nicht mit einem einfachen Knall. Der Kanonendonner, der seit 1806 von Montag bis Samstag, früher an der Waterfront und seit 1902 von einem Plateau des Signal Hills hoch über dem Bo-Kaap-Viertel, ertönt, ist so laut, dass die Kapstädter ihre Uhren danach stellen oder ihre Mittagspause beginnen.

Um etwa halb zwölf erscheint ein Marinesoldat am Schießstand, und damit beginnt ein immer wiederkehrendes Ritual. Neben der Lion Battery hisst er die fein gefaltete Fahne der südafrikanischen Navy. Dann zieht er die beiden Kapuzen von den mit grüner Patina besetzten Originalkanonen ab, die sie gegen das mitunter raue Wetter hier am Signal Hill schützen sollen – und öffnet ein weißes mitgebrachtes Säckchen. Drei Kilogramm Schießpulver werden von vorne mit einem Stampfer in das mit Patina besetzte Kanonenrohr gedrückt. Der Soldat stellt den seit 1864 vom Südafrikanischen Astronomischen Observatorium justierten Zünder ein, bittet die Besucher, sich hinter der Kanone in gebührendem Abstand zu postieren, und zählt die Zeit herunter. Erst in größeren Intervallen, dann im Sekundentakt. So weiß der Besucher genau, wann es knallt. Und dennoch fährt der gewaltige Donnerschlag, eingehüllt in eine Pulverdampfwolke, in die Glieder.

Die ursprünglich zur Artillerie des Castles von Good Hope gehörenden Kanonen, die schon die Engländer in der Schlacht von Muizenberg 1795 einsetzten, wurden Anfang des 20. Jahrhunderts von ihren Stellungen am Hafen auf den Signal Hill verlagert. Sie dienten als Zeitsignal für die ankernden Schiffe, die auf diese Weise ihre Chronometer vor dem Auslaufen neu justieren konnten. Inzwischen wurden die Noon Guns der Lion Battery in dem militärischen Areal, in dem noch weitere uralte Geschütze und Kanonen stehen, über 65.000-mal abgefeuert.

Adresse Military Road, Bo-Kaap, Kapstadt 7764, Tel. +27/217871257 | **Anfahrt** mit dem Pkw von der Buitengracht Street kommend in Bo-Kaap über die Military Street, ausgeschildert oder bis zum Ende der Longmarket Street, dann zu Fuß | **Öffnungszeiten** 11–16 Uhr, 12 Uhr Abschuss der Kanone | **Tipp** Am Fuß des Lion's Head an der Upper Albert Road kann man sich die 1883 gegründete Internationale Deutsche Schule Cape Town anschauen.

67__Die Oase

Sich niederlassen im Company's Garden

Man fühlt sich wie im Dschungel. Unter riesigen alten Bäumen, umgeben von Palmen, exotischen Pflanzen und rankenden Gewächsen, beobachtet von Eichhörnchen und den unterschiedlichsten Vogelarten, sitzt man im Public Gardens Restaurant wie in einer schattigen Oase der Zufriedenheit – und das in Ruhe und Abgeschiedenheit vom Lärm und der brüllenden Hitze der nahen City. Unmittelbar hinter dem weißen Tor mit der frei hängenden Feuerglocke von 1855 und dem Vogelpavillon steht das kleine Restaurant mit den zahlreichen im Garten verteilten Tischen.

Der Company's Garden, 1652 von Jan van Riebeeck im Auftrag der Dutch East India Company ursprünglich als Obst- und Gemüsegarten zur Versorgung der Schiffsbesatzungen angelegt, ist heute Kapstadts schönster und ältester innerstädtischer Park, ein Botanischer Garten, umgeben von bedeutenden historischen Gebäuden. Die Obst- und Gemüsebeete gibt es verkleinert heute noch als Versuchsgelände der Universität Kapstadt. Der Company's Garden ist mit acht Hektar vergleichsweise klein, aber von einer Intensität, die fasziniert. Mehrere Denkmäler lassen sich erkunden, an zentraler Stelle das des einstigen Kap-Premiers und Diamantenkönigs Cecil Rhodes von 1909. Auf seine Veranlassung hin wurden übrigens die Eichhörnchen im Garten ausgesetzt, die sich auf den Grasflächen tummeln. Dazu gibt es Springbrunnen, Rosengärten und überall Bänke, die zum Verweilen einladen. Und immer ist der Tafelberg im Hintergrund zu sehen. Der Company's Garden ist eine bevorzugte Location internationaler Fotografen und Filmer.

Rund um den Park stößt man auf einige der architektonischen Perlen der Stadt. Das mächtige, im viktorianischen Stil erbaute, 1885 eröffnete Parlament und gleich nebenan das Tuynhuys, die Residenz des Präsidenten, wenn er in Kapstadt weilt. Am Ende des Gartens präsentieren sich die National Gallery und das South African Museum.

Adresse Public Gardens, 19 Queen Victoria Street, City, Kapstadt 8001, Tel. +27/214232919 | **Anfahrt** am Ende der Adderley Street geht man in die Government Avenue; Bus 101/106/107, Haltestelle Upper Long Street; »Hop on-hop off«-Bus, Haltestelle St. George's Cathedral | **Öffnungszeiten** Dez.–Feb. täglich 7.30–20.30 Uhr, März–Nov. 7–19 Uhr | **Tipp** An der Westseite des Parks gibt es ein Visitor Center, und mitten im Park wurde ein öffentlicher WLAN-Hotspot eingerichtet.

68__Das Observatorium

Unter Kapstadts Himmel nach den Sternen greifen

Der populäre Stadtteil Observatory verdankt dem weißen Kuppelbau in griechisch-antikem Baustil seinen Namen. Das 1820 vom britischen König George IV. initiierte »Royal Observatory« gehörte lange zu den wichtigsten Sternwarten der Welt. Besuchern öffnet sich das Observatorium regelmäßig zur Himmelsbeobachtung durch das McClean-Teleskop und für Vorträge. Allerdings geschieht das relativ selten und zu ungewöhnlichen Zeiten, nämlich jeden zweiten und vierten Samstagabend. Wer aber dieses historische Bauwerk mit dem mächtigen Teleskop unter der Kuppel besucht, wird es kaum bereuen.

Astronomische Instrumente und Dokumente aus zwei Jahrhunderten sind hier auf teilweise hydraulisch bewegten Etagen zu bewundern. Sie stammen aus einer Zeit, in der Astronomen epochale Durchbrüche gelangen. Hier wurde erstmals die exakte Entfernung zwischen Erde und Mond gemessen. Allerdings wurde die rasant wachsende Stadt ein zunehmendes Problem für das Observatorium. Spätestens ab der zweiten Hälfte des 20. Jahrhunderts erschwerte das Lichtermeer Kapstadts immer stärker die Beobachtung der Sterne. Als Forschungsstandort musste das ehrwürdige Institut aufgeben.

Die südafrikanische Astronomiegesellschaft SAAO residiert heute hundert Meter entfernt vom Observatorium in einem perlweißen Gebäude, das wie eine Miniatur des Weißen Hauses in Washington wirkt. Das wichtigste SAAO-Teleskop befindet sich inzwischen in der Halbwüste Karoo, einer Hochebene auf 1.760 Metern. Südafrika ist auf dem Sprung zu einem der weltweit wichtigsten Astronomie-Standorte und spielt eine zentrale Rolle bei dem internationalen Teleskop-Projekt »Square Kilometre Array« (SKA). SKA soll 50-mal sensitiver und 10.000-mal schneller als alle bisherigen Teleskope das All erforschen und Einblicke in bislang kaum sichtbare Fernen des Universums ermöglichen. Voll einsatzfähig wird es aber erst 2024 sein.

Adresse SAAO, Observatory Road, Observatory, Kapstadt 7925, www.saao.ac.za | **Anfahrt** mit dem Pkw aus der Stadt auf der N3 (Nelson Mandela Boulevard), links halten zur N2, Abfahrt Liesbeek Parkway nach links, 1. Straße rechts in die Observatory Road; Bus Golden Arrow, Haltestelle Observatory; Metrorail rote Linie, Haltestelle Observatory | **Öffnungszeiten** 2. und 4. Samstag im Monat, 20 Uhr (www.saao.ac.za/about/visting/cape-town) | **Tipp** Der Tagore Late-Night-Pub, 42 Trill Road, gilt noch immer als Insidertipp im reichhaltigen Lokalitäten-Angebot von Observatory. Jeden Freitag gibt es Live-Jazz (Tel. +27/825634272).

69__Die Old Biscuit Mill

Samstags zum Szene-Markt nach Woodstock

Obwohl der Neighbourgoods Market im alten Industriedistrikt Woodstock mehr als nur ein Tipp ist und bei vielen Kapstädtern inzwischen einen festen Platz in der Wochenplanung einnimmt, hat er an Faszination nichts eingebüßt. Der Markt wurde 2006 auf Initiative zweier Kapstädter Jungunternehmer ins Leben gerufen und war auf Anhieb ein Erfolg. Jeden Samstag präsentieren rund 80 Händler und Aussteller ihre Spezialitäten: umliegende Weingüter, Bio-Bauern, Blumen- und Feinkosthändler, Bäcker, Handwerker und Kleinkunstunternehmer. Der Markt findet in einer alten umgebauten Backsteinhalle statt und im Hof der Old Biscuit Mill. Besonders Wert gelegt wird auf frische Waren und lokale Produkte. Sehen und gesehen werden heißt es auf dem Neighbourgoods Market, der auch ein Pendant in Johannesburg hat. Hier trifft sich ein eher junges und vornehmlich weißes Publikum mit Freunden zum Essen, Trinken und Einkaufen.

Die Old Biscuit Mill, eine Ende des 19. Jahrhunderts gebaute Keksmühle mit einem riesigen Speicherhaus und viereckigem Backsteinkamin, hat sich zu einem Marktplatz im Zentrum von Woodstock entwickelt, mit vielen schicken Restaurants, ausgefallenen Designerläden, Kunst- und Fotoateliers, Mode- und Antiquitätengeschäften. Dazu gibt es Livemusik-Events.

Immer noch stehen in diesem einstigen Arbeiter- und Industriegebiet entlang der Bahnschienen viele Lagerhallen und Fabrikgebäude leer. Aber die Struktur des Viertels verändert sich total. So wurden in den letzten Jahren auch die Gebäude der nahen Old Castle Brewery, einer südafrikanischen Brauereigesellschaft, zu einem Kreativcenter umgebaut, mit Architekten-Büros, Werbeagenturen und Designer-Ateliers. Nach Einbruch der Dunkelheit wird es in Woodstock, anders als in den heute eher studentisch geprägten früheren Arbeitervierteln Observatory und Mowbray, allerdings unbelebter und damit auch gefährlicher.

Adresse Old Biscuit Mill, 373 Albert Road, Ecke Mill Street, Woodstock, Kapstadt 7915, Tel. +27/214478194, www.theoldbiscuitmill.co.za | **Anfahrt** mit dem Pkw von der Strand Street auf die R102 (Newmarket Street), in die Albert Road; Bus 102 bis Woodstock, Haltestelle Kent Street | **Öffnungszeiten** Neighbourgoods Market: Sa 9–14 Uhr; unterschiedliche Öffnungszeiten für die anderen Läden, Cafés und Restaurants | **Tipp** Die Albert Road mit ihren vielen Designerläden lohnt eine Erkundung. Dabei sollte man auf jeden Fall in der Galerie Delos vorbeischauen (www.delos.co.za).

70 Der Operationssaal

Hier hat Professor Barnard das erste Herz verpflanzt

Am 3. Dezember 1967 hielt die Welt den Atem an. Erstmals in der Geschichte der Medizin war es gelungen, ein Herz zu verpflanzen. Ein junger Chirurg am Groote Schuur Krankenhaus in Kapstadt hatte diese Operation gewagt – und gewonnen. Ein historischer Meilenstein der Medizin, der später in einem Atemzug mit der Mondlandung genannt wurde. In einer zweistündigen geführten Tour durch das Heart of Cape Town Museum, teilweise durch die Originalräume des legendären Krankenhauses, kann man dieses historische Ereignis Revue passieren lassen. Anhand von Fotos, Filmen und perfekt modellierten Wachsfiguren im Arbeitszimmer des Herzchirurgen und im Operationssaal lassen sich die dramatischen Stunden vom tödlichen Unfall der 24-jährigen Herzspenderin Denise Darvall bis zum Aufwachen des neuen Herzträgers Louis Washkansky (55) nacherleben.

Es war der junge südafrikanische Arzt Christiaan Barnard (1922 bis 2001), dem diese fünfstündige Operation gemeinsam mit seinem 30-köpfigen Operationsteam gelang. Monatelang hatte Barnard auf diesen Moment hingearbeitet. Die Sensation: Der Patient überlebte die Operation um 18 Tage, bevor er an einer Lungenentzündung starb. Es sollten zahlreiche weitere spektakuläre Herztransplantationen unter Leitung von Christiaan Barnard folgen und das Groote Schuur Hospital zu einem Mekka der Herzchirurgie machen: Das seit 1938 unter dem Devil's Peak gelegene Krankenhaus, benannt nach einem Gutshof holländischer Siedler des 17. Jahrhunderts (Groote Schuur = »Große Scheune«), wurde das Lehrkrankenhaus der medizinischen Fakultät der nahen Universität und eine Klinik von Weltruf.

Der über Nacht zum Medienstar avancierte Barnard, der fortan durch sein nun eingeschlagenes Jetset-Leben die Yellow Press ebenso beschäftigte wie die medizinischen Fachblätter, wurde zur Legende und nach Nelson Mandela zum zweitpopulärsten Südafrikaner aller Zeiten.

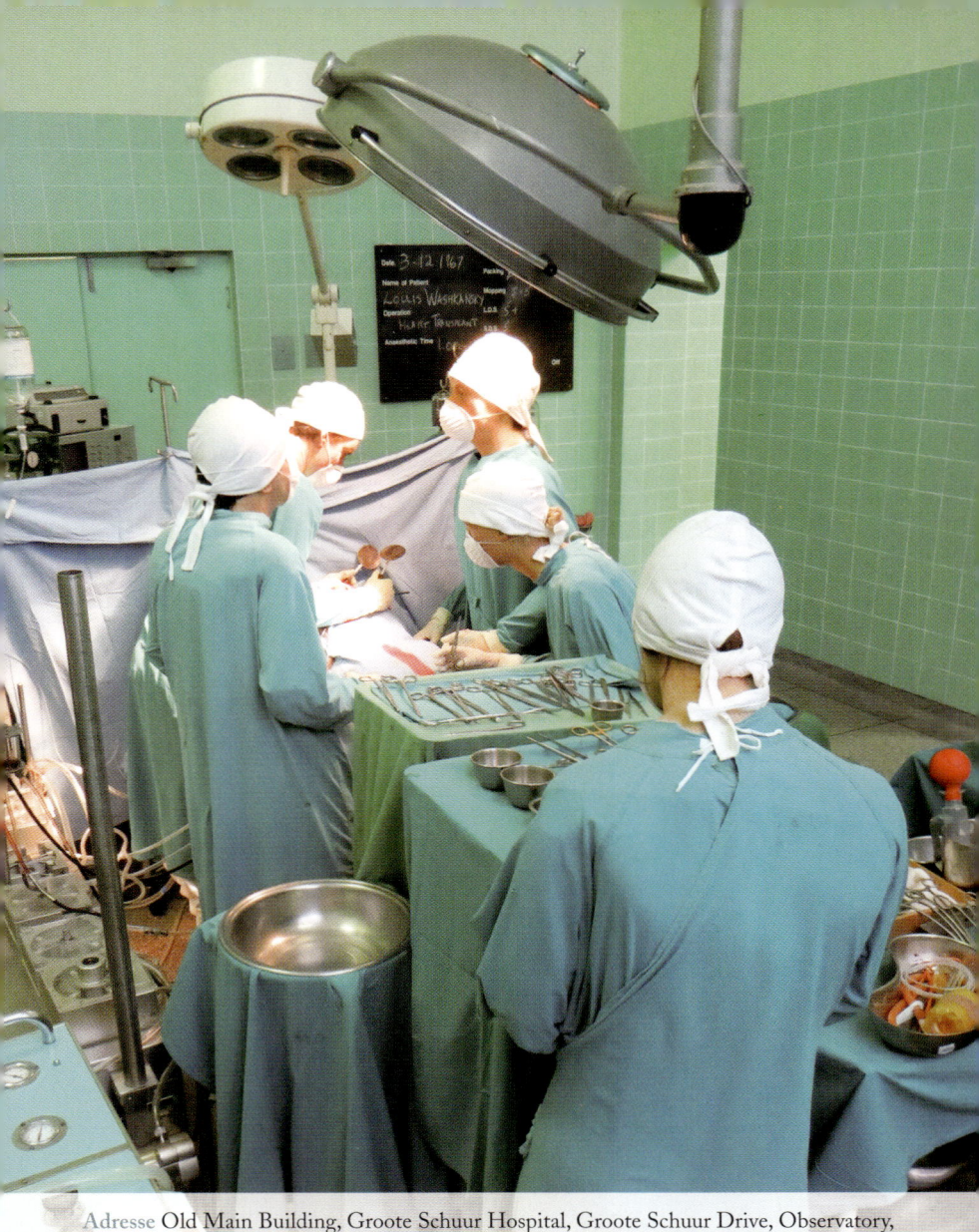

Adresse Old Main Building, Groote Schuur Hospital, Groote Schuur Drive, Observatory, Kapstadt 7925, Tel. +27/214041967, www.heartofcapetown.co.za | **Anfahrt** mit dem Pkw auf der M 4, Ecke Station Road abbiegen auf den Groote Schuur Drive; Metrorail, Haltestelle Observatory, von dort zu Fuß über die Station Road | **Öffnungszeiten** täglich 9 – 17 Uhr, Führungen um 9, 11, 13 und 15 Uhr, um 17 Uhr nur nach Voranmeldung | **Tipp** Sehenswert ist das alte Hauptportal des Krankenhauses. Ein Besuch der nahen Universität von Kapstadt lohnt auf jeden Fall.

71 Die Orgel

In der Groote Kerk den alten Meistern lauschen

Diese in Holland gebaute Orgel hat es in sich. Mit ihren knapp 6.000 Pfeifen gilt sie als die größte in Südafrika und qualitativ als eine der besten im Lande. Sie wurde erst 1957 in die mächtige Kirche eingebaut, nach verschiedenen klanglich eher mäßigen Vorgängerorgeln, und im Jahr 2000 noch einmal aufwendig restauriert. Kenner schätzen den Klang der Orgel nicht nur während der Gottesdienste, sondern auch anlässlich der zahlreichen Konzerte, die regelmäßig in der Groote Kerk, der sogenannten Mutterkirche des Calvinismus, des holländisch-reformierten Glaubens, stattfinden.

Die Groote Kerk steht unmittelbar am Church Square, dem Platz, auf dem bis 1834 die Sklaven der nahen Slave Lodge teilweise noch öffentlich versteigert wurden. Dort, wo die Groote Kerk 1704 errichtet wurde, stand einst eine kleine, 1678 gebaute Kirche, die älteste Südafrikas überhaupt, in unmittelbarer Nachbarschaft zur Dutch East India Company. Denn mit der Ankunft Jan van Riebeecks 1652 in der Tafelbucht kam auch der reformierte Glaube der Siedler ans Kap. Als die Stadt rasant wuchs, wurde die Kirche zu klein und abgerissen. An ihrer Stelle entstand zwischen 1836 und 1941 die neue Groote Kerk, ausladender und erheblich größer. Lediglich der Kirchturm von 1704 blieb unverändert, heute eingeklemmt und überschattet von einem riesigen Wohn- und Geschäftsgebäude.

Der zum Meister-Bildhauer der East India Company ernannte, 1777 nach Kapstadt gekommene deutsche Bildhauer Anton Anreith (1754–1822) schuf 1789 die noch heute zu sehende Kanzel mit den Löwen aus wertvollen indischen Hölzern, die als Meisterwerk gilt. Sie steht genau dort, wo sie auch in der abgetragenen Vorgängerkirche stand. Eine Attraktion der Groote Kerk, die tiefer gelegene Gruft, in der auch neun Kap-Gouverneure ihre letzte Ruhe fanden, ist nach einem Einsturz der schweren Deckenkonstruktion 2012 leider nicht mehr zugänglich.

Adresse 43 Adderley Street, City, Kapstadt 8001, Tel. +27/214220569 | **Anfahrt** zu Fuß von der Adderley Street Richtung Company's Garden, Eingang Church Square, Parliament Street; Bus 106/107, Haltestelle Groote Kerk; »Hop on-hop off«-Bus, Haltestelle St. George's Cathedral | **Öffnungszeiten** Mo−Fr 10−14 Uhr | **Tipp** Der Besuch der Slave Lodge am Church Square ist ein Muss. Das heutige Museum war die Unterkunft von bis zu 500 Menschen und dokumentiert eindrucksvoll die Geschichte der Sklaverei und Apartheid. Das Slavery Memorial von 2008 erinnert an die Sklaverei in Südafrika.

72__ Die Oude Bakkerij

Sie gilt als die beste Bäckerei am Kap

Die »Oude Bakkerij« ist heute Teil der »Schoon de Companje«, der »Schoon Firma«. Der junge Bäckermeister Fritz Schoon hat hier seine Backstube zum Kern eines ambitionierten Familienprojekts gemacht. Auf den zwei Etagen des verwinkelten Eckhauses sind ein bunter Ökoladen und ein ungewöhnliches Bistro entstanden, besonders beliebt bei Studenten und Mitarbeitern der nahen Universität Stellenbosch. Die aufwendig restaurierten, mit viel Pinienholz verkleideten Räume in dem ehemaligen Bankgebäude ähneln einem kleinen, lebendigen Markt. In der einsehbaren Backstube mit dem großen Holzofen werden viele Brotspezialitäten gebacken.

Rund um die »De Oude Bakkerij« befinden sich Obst- und Gemüsestände, eine »Boutique Metzgerei«, eine Kaffeerösterei, ein Restaurant, eine Eisdiele, eine Bar und eine Weinstube sowie mehrere Küchen. Schoon betont, dass fast alle Produkte organisch hergestellt werden und von Produzenten aus der Region stammen. Vieles wird aber auch vor Ort produziert: Brot, Eis, Soßen, Würste. Der junge Unternehmer hat für die Verwirklichung seines Traums die ganze Familie eingespannt: Die Ehefrau leitet die Metzgerei, die Schwester die Eisdiele, seine Mutter kümmerte sich um die Inneneinrichtung.

Das über den ganzen Laden »verstreute« Gasthaus wirkt zuweilen wie die Stube einer Wohngemeinschaft, mit derben Holztischen, einer langen Tafel und gemütlicher Sofaecke. Nichts Lustfeindliches haftet dem Öko-Lokal an: Zu Weinen und Bieren aus der Region gibt es vegetarische Schmankerl ebenso wie üppig belegte Pizza oder saftig-dicke Hamburger. Die verschiedenen Brote des Hauses kann man mit frisch zubereiteten Mezze, Pasteten und Gemüsecremes oder Käse- und Wurstsorten probieren. Cola und andere Industrielimonaden stehen nicht auf der Karte, dafür aber frische Säfte und eine Vielzahl von Tee- und Kaffeezubereitungen. Fritz Schoon liebt Musik, also gibt es hier oft Livemusik.

Adresse Oude Bank Building, 7 Church Street, Stellenbosch 7600, Tel. +27/218832187 | **Anfahrt** mit dem Pkw von Kapstadt über die N 2 und R 310 nach Stellenbosch, Richtung Dorp Street folgen, links in die Piet Retief Street, dann die 1. Straße rechts in die Church Street | **Öffnungszeiten** Di–Fr 7–18 Uhr, Sa 8–18 Uhr, So 8–13 Uhr, Dinner und Livemusik Mi und Sa 18–22 Uhr | **Tipp** Die Church Street ist voller interessanter Galerien südafrikanischer Künstler. Die »Dorp Straat Galery« beispielsweise befindet sich unmittelbar neben der »Oude Bakkerij«.

73__Das Panama Jacks

Ausgefallenes Fischrestaurant tief im Hafen

Das Panama Jacks bezeichnet sich selbst als »Kapstadts bestgehütetes Geheimnis« – bei der Lage kein Wunder. Denn das Restaurant liegt tief im Hafen und ist nicht ohne Weiteres zu finden. Am besten, man fragt sich durch. Zweimal muss man einen Hafen-Kotrollposten passieren und sowohl bei der Einfahrt wie bei der Ausfahrt vor einer Schranke halten und den Kofferraum öffnen.

Hat man die Fahrt vorbei an Schiffen, Containern, riesigen Lagerhallen, überdimensionierten Lastkränen und vor Anker liegenden, gigantisch anmutenden Bohrinseln geschafft, findet man ein Lokal vor, das von außen einer lang gestreckten Baracke gleicht. Ein weiß-blaues Provisorium, eine Art Seemanns-Spelunke. Innen aber erwartet den Gast ein großzügiges, etwas dunkles Ambiente mit einer ungewöhnlich einladenden Atmosphäre. Alles wirkt ein wenig in die Jahre gekommen und improvisiert, dafür aber entspricht das Essen den hohen Erwartungen, die man an ein Fischrestaurant direkt im Hafen, also unmittelbar an der Quelle, haben darf. Hier essen viele Kapstädter bevorzugt zu Mittag, während die Seeleute und Matrosen in ihrer Mittagspause am langen Tresen Bier vom Fass trinken.

Das bereits 1989 als Service- und Cateringstation des nahen Royal Yacht Clubs gegründete Panama Jacks erhielt rasch eine Lizenz als Hafenrestaurant. Auf der Karte stehen frischer Lobster in verschiedenen Variationen, nach Gewicht berechnet, Abalone (Seeohr), Yellowtail oder Kabeljau. Immer gibt es einen sogenannten Linefish, was nichts anderes bedeutet als frisch von der Angel kommend, also den Catch of the Day. Im Sommer sollte man immer einen Platz reservieren, außerhalb der Hauptsaison kann man es auch auf gut Glück versuchen. Der Chef des Panama Jacks findet eigentlich immer eine Lösung und schickt denjenigen, der den langen versteckten Weg durch den Industriehafen gefunden hat, nur selten unverrichteter Dinge wieder zurück.

Adresse Panama Jacks, Quay 500 Cape Town Docks, Foreshore, Kapstadt 8001, Tel. +27/214473992 oder +27/214481080, www.panamajacks.net | **Anfahrt** mit dem Pkw über die Eastern Mole Road, Kai 500, die 3. Straße hinter dem Royal Yacht Club des Frachthafens | **Öffnungszeiten** So–Fr 12–14.30 und 18.30–22.30 Uhr | **Tipp** Wenn man schon einmal hier ist, sollte man sich unbedingt den Industriehafen, in den man sonst nicht kommt, genauer anschauen.

74_ Die Panoramastraße

Hier begegnet man wilden Pavianen

Die Aussicht, die den Autofahrer erwartet, wenn er vom Kap kommend die M 65 verlässt und auf die M 4 Richtung Simon's Town einbiegt, ist einfach großartig: Tief unterhalb der Panoramastraße liegt die Küste mit der atemberaubenden Smitswinkel Bay und dem Blick bis zum Cape Point. Das winzige Smitswinkel Bay Village mit seinen wenigen Häusern ist nur zu Fuß oder mit dem Boot zu erreichen. Fährt man die Straße weiter, vorbei am Danger Rock und Miller's Point, stößt man nicht selten auf Paviane, die einem wahrscheinlich schon am Kap begegnet sind.

Hier sitzen die tagaktiven Tiere, wie auch am Kap, friedlich am Straßenrand und scheinen fast gelangweilt. Man kann sie vom Auto aus beobachten, nach Belieben, wenn man eine kleine Parkbucht erwischt, auch aussteigen. Nur bitte: Abstand halten. Auf keinen Fall füttern oder gar anfassen. Füttern steht unter Strafe! Die Tiere sind unberechenbar. Paviane sind Allesfresser und schnappen sich schon mal schnell einen Picknickkorb oder greifen durch das offene Autofenster nach Handtaschen.

Die Pavianmännchen sind erheblich größer und schwerer als die Weibchen. Dominant sind ihre hundeähnlichen Schnauzen und die eng stehenden Augen. Nachts schlafen sie auf Bäumen oder ziehen sich in die Felsklippen zurück. Die Paviane, oder auf Englisch »Baboons«, leben auf der südlichen Kap-Halbinsel wie auch im sonstigen süd- und östlichen Afrika in freier Wildbahn und gelten als vom Aussterben bedroht. Am Kap gibt es einige hundert von ihnen. Ein von der Kap-Verwaltung initiiertes Forschungsprojekt begleitet die hiesige Gattung der Bärenpaviane.

Die Affen leben in Gruppen von bis zu 40 Tieren, auf der 52 Kilometer langen und 16 Kilometer breiten Kap-Halbinsel gibt es rund ein Dutzend dieser Gemeinschaften. Man stößt auch in der Nähe des Tafelbergs immer wieder auf Baboons, selbst auf dem Plateau gibt es eine kleine Kolonie.

Adresse M 4 zwischen der Smitswinkel Bay und Miller's Point, Kapstadt 7975 | **Anfahrt** mit dem Pkw auf der M 4 aus Kapstadt oder vom Kap kommend | **Tipp** Das Projekt »Baboon Matters«, eine Pavian-Schutz-Initiative in Kommetjie mit Führungen und Vorträgen nach Vereinbarung, lohnt einen Besuch (Tel. +27/217857493). Ein kleiner, schöner, windstiller Badestrand ist der nahe Seaforth Beach kurz vor dem durch seine Pinguin-Kolonie bekannten Boulders Beach.

75 Die Pinguin-Klinik

Hier wird Vögeln in Not geholfen

Pinguine sind geduldige Patienten. Und das ist gut so, denn zuweilen dauert es, bis sie aus dem kleinen Verschlag, der als Warteraum für die Seevögel dient, ins Behandlungszimmer dieses ungewöhnlichen Tierschutzzentrums kommen. Im Hauptquartier der südafrikanischen Stiftung für Küstenvögel (Sanccob) im Stadtteil Table View müssen sich Ärzte und Tierpfleger um zahlreiche gebrochene Flossen oder Beine, oft um ölverschmiertes Gefieder oder andere Malaisen kümmern.

Das weitläufige Gelände mit zahlreichen Käfigen, Verschlägen, Hütten, einem kleinen künstlichen Teich sowie dem lang gestreckten Haupthaus ist Zufluchtsort für Seevögel aller Art. Dabei stehen die vom Aussterben bedrohten südafrikanischen Brillenpinguine im Fokus. Im Jahr werden etwa 2.500 Vögel behandelt, Organisationen ebenso wie Privatleute bringen die verletzten oder verwaisten Tiere in das Rehabilitationszentrum.

Zuweilen gibt es auch Großeinsätze, dann müssen alle Kräfte mobilisiert, viele freiwillige Helfer gefunden werden. Wie nach dem 23. Juni 2000, als nach einem Tankerunglück vor Robben Island riesige Mengen Öl ins Meer flossen und die Pinguine ausgerechnet in der Brutsaison bedrohten. Fast 20.000 Brillenpinguine konnten schließlich vom Ölfilm befreit und wieder ausgewildert werden.

Die Stiftung bildet nicht nur Fachkräfte aus, sondern bemüht sich auch um die Unterstützung der Öffentlichkeit. So gibt es oft Führungen durch das Institut, Touristen können hautnah Fütterung und Pflege der Pinguine und anderer Seevögel beobachten und sich über die Probleme des Vogelschutzes informieren. Notwendig ist aber eine telefonische Anmeldung – das Angebot für Besucher hängt von der jeweiligen Lage in der Klinik ab. Das Zentrum bietet zudem jungen Menschen die Möglichkeit von Praktika, eine heiß begehrte Option, um einige Wochen aktiven Tierschutz an einem ungewöhnlichen Ort zu betreiben.

Adresse 22 Pentz Drive, Table View, Kapstadt 7441, Tel. +27/215576155 oder +27/786383731 (in Notfällen) | **Anfahrt** mit dem Pkw vom Stadtzentrum über die N1 (Table Bay Boulevard), Ausfahrt 4, R27 Marine Drive, wird West Coast Road, rechts auf die M14 Blaauwberg Road, 1. Straße rechts in den Pentz Drive; Bus T01, Haltestelle Table View | **Öffnungszeiten** immer geöffnet, aber für Besucher nur nach Absprache | **Tipp** Es gibt auf der Rennstrecke Killarney Race Track in Table View mehrmals im Monat vom Western Province Motor Club veranstaltete Autorennen (Tel. +27/215571639).

76__Das Plateau

Genießen auf dem Tafelberg

Die Fahrt mit der Gondel auf den 1.087 Meter hohen Tafelberg, der sich über Teile der Kap-Halbinsel erstreckt und zur Stadt hin 500 Meter steil abfällt, dauert rund sechs Minuten. Wer sich in die 64 Personen fassende Kabine drängt, um einen guten Platz am Fenster zu ergattern, wird eines Besseren belehrt. Denn die dicht über die schroffen Felsklippen fahrende Gondel rotiert während der Fahrt zum Plateau um 360 Grad, was bedeutet: Egal, wo man sich platziert, alle Personen sehen die immer kleiner werdende City Bowl, den Hafen, den Lion's Head und den Signal Hill gleich gut. Seit 1929 fährt die Seilbahn mit einem Höhenunterschied von 700 Metern, seit 1998 ist sie mit speziellen Schweizer Gondeln ausgerüstet.

Für den Tafelberg sollte man sich Zeit nehmen, denn er bietet ein komplexes Erlebnis. Unglaubliche Blicke auf die Stadt, die Cape Flats, die Bergkette Zwölf Apostel, die Strände von Clifton und Camps Bay. Aber vor allem das Plateau selbst besticht, ein eigener Kosmos wie auf einem bepflanzten Flachdach. Hier gibt es eine Vegetation, die einzigartig ist. »Cape Floral Kingdom« beschreibt das, was einen hier erwartet. Über 1.000 Pflanzenarten gedeihen in der Höhe, einige Sorten ausschließlich auf dem Tafelberg. Seltene Fynbos-Arten gibt es hier, und auch Südafrikas Nationalblume, die Königs-Protea.

Es gibt verschiedene Routen, um den Tafelberg von unten zu erklimmen, anspruchsvoll und schwierig von der Nordseite aus, leichter vom Botanischen Garten in Kirstenbosch. Aber das muss nicht sein. Denn hoch oben auf dem Plateau stößt man auf fünf bestens präparierte Rund- und Wanderwege, von denen drei problemlos innerhalb von 30 Minuten zu meistern sind. Mit jedem Stück, das man sich von der Seilbahnstation entfernt, wird es ruhiger und meditativer. Hier kann man intensiv in dieses einzigartige Stück Natur eintauchen, jenseits aller Touristenströme.

Adresse Lower Cable Station, Tafelberg Road, Gardens, Kapstadt 7941, Tel. +27/21424818,
www.tablemountain.net | **Anfahrt** mit dem Pkw zum Kloof-Nek-Kreisel zwischen Tafel-
berg und Lion's Head; Bus 106/107, Haltestelle Kloof Nek, dann noch 1,5 Kilometer zu Fuß;
Bus 110, Haltestelle Talstation; »Hop on-hop off«-Bus, Haltestelle Table Mountain Cable-
way | **Öffnungszeiten** im Sommer 8–21.30 Uhr (letzte Abfahrt), im Winter 8.30–18 Uhr
(letzte Abfahrt), bei starken Winden gesperrt | **Tipp** Nur bei gutem Wetter auf den Berg
fahren. Es lohnt das Mitnehmen eines eigenen Picknickkorbes und einer Flasche Wein. Es
gibt aber auch ein Restaurant auf der Bergstation.

77 Der Plenarsaal

Große Bühne einer wechselvollen Geschichte

In Südafrika ist die Gewaltenteilung auch räumlich zu erfassen. Seit 1910 ist Kapstadt der Sitz des südafrikanischen Parlaments, während in Pretoria die Regierungsgeschäfte getätigt werden. Die Judikative hat ihre Residenz mit dem Verfassungsgericht seit 1997 in Bloemfontain.

Das 1884 im georgianischen und viktorianischen Stil mit korinthischen Säulengängen gebaute Parlamentsgebäude, das im Laufe der folgenden Jahrzehnte immer wieder erweitert wurde und heute zwischen Parliament Street und Company's Garden einen riesigen Komplex umfasst, war bis 2004 nur eine saisonale Volksvertretung. Bis dahin gab es zweimal jährlich einen gigantischen Umzug von Pretoria nach Kapstadt und wieder zurück. Den südafrikanischen Sommer verbrachten die Parlamentarier in Kapstadt, den Winter in Pretoria. Heute tagt das Parlament ganzjährig im großen historischen Plenarsaal, jeweils im Januar oder Februar wird die Parlamentssession feierlich eröffnet. Ein Ereignis, das die Innenstadt Kapstadts regelmäßig zum Erliegen bringt. Im üppigen Garten des Parlamentsgebäudes prangt eine Statue von Queen Victoria, Königin von 1837 bis 1901.

Der Plenarsaal ist Symbol für die wechselvolle und dramatische Geschichte Südafrikas. Hier wurden die meisten und schärfsten Gesetze der Apartheid verabschiedet, hier wurde dem Regime die von Weißen beherrschte parlamentarische Legitimität verliehen. Hier wurde aber auch einer der Ideologen der Apartheid, der frühere Premierminister Hendrik Verwoerd, von einem farbigen Parlamentsboten erstochen. 1994 hielt in diesem Saal Nelson Mandela seine erste große Rede als Präsident – das offizielle Ende der Apartheid, der Übergang Südafrikas zu einem parlamentarischen Regierungssystem und der Gleichberechtigung der Geschlechter, Kulturen und Hautfarben. Man kann das Gebäude besichtigen und auf der öffentlichen Galerie auch an parlamentarischen Debatten teilnehmen.

Adresse 90 Plein Street, City, Kapstadt 8001, Tel. +27/214032266, www.parliament.gov.za |
Anfahrt von der Adderley Street zum Company's Garden oder von der Darling Street in die
Plein Street; Bus 103, Haltestelle Roeland Street, oder Bus 102/103, Haltestelle Darling
Street; »Hop on-hop off«-Bus, Haltestelle St. George's Cathedral | **Öffnungszeiten**
9 – 16 Uhr, Führungen: Mo – Fr 9, 10, 11 und 12 Uhr, Plenarsaal auf Voranmeldung | **Tipp**
Das nahe Tuynhuys aus dem 17. Jahrhundert dient dem Präsidenten als repräsentativer Sitz
während seiner Anwesenheit in Kapstadt.

78_ Das Pollsmoor

Zu Mittag essen in Mandelas Gefängnis

Das berüchtigtste Gefängnis am Kap befindet sich gegenüber dem malerischen Weingut Steenberg mit seinem Luxushotel und dem weitläufigen Golfplatz. Wer die freundlichen Gefängnisbeamten und die eher laschen Sicherheitsprozeduren am Eingangstor von Pollsmoor passiert hat, spürt auf den kilometerlangen Straßen des weitläufigen Geländes wenig von der knallharten Realität dieser Anstalt. Denn dies ist immerhin das »Hochsicherheitsgefängnis Pollsmoor«, so der offizielle Name. Allerdings sind einige Komplexe doppelt und dreifach mit Stacheldraht umzäunt, zuweilen versperren vier Meter hohe Mauern jeden Einblick. Mitten in diesem wegen seiner brutalen Bandenkriege gefürchteten Gefängnis mit etwa 7.000 Häftlingen und 1.300 Wärtern befindet sich eines der kuriosesten Restaurants Südafrikas.

Das »Idlanathi« (übersetzt: »Mit uns essen«) wirbt damit, dass in Pollsmoor immerhin auch Südafrikas Nationalheld Nelson Mandela sechs seiner 27 Jahren Haftstrafe verbrachte. Allerdings könnte das Lokal mit dem nüchternen Ambiente einer besonders sauberen, schlichten Kantine auch mit den sehr guten Speisen und seinen Preisen werben. Spiegeleier mit Speck oder ein Steak-Sandwich kosten hier jeweils etwa zwei Euro, eine große Portion gebratene Tintenfische mit Salat weniger als drei Euro, ein Haufen köstlicher Spareribs mit Pommes frites für 4,50 Euro ist das teuerste Essen auf der Karte.

Die Bedienung ist besonders nett, schließlich muss man sich im Gefängnis diese begehrten Jobs verdienen, und die Anwärterliste ist lang. Nicht nur die grellorangefarbene Bekleidung unter den weißen Kitteln und Hemden der Köche und Kellner sowie die Anwesenheit von uniformierten Wärtern erinnern den Besucher daran, dass er hier an einem ungewöhnlichen Ort ist. Alkohol wird natürlich auch nicht ausgeschenkt. Ebenso sind Trinkgelder verpönt. Man ist schließlich im Gefängnis.

Adresse Pollsmoor Restaurant »Idlanathi«, Steenberg Road, Tokai, Kapstadt 7945, Tel. +27/217001270 | **Anfahrt** mit dem Pkw vom Stadtzentrum über die N 2 (Nelson Mandela Boulevard), rechts halten auf M 3 (Rhodes Drive), Ausfahrt 21, rechts auf Tokai Road, dann links M 42 Steenberg Road, Gefängnis nach 400 Metern auf der linken Seite; Bus Golden Arrow, Haltestelle Pollsmoor Prison | **Öffnungszeiten** Mo–So 7–14 Uhr | **Tipp** Zu empfehlen sind im Sommer Jazz- und andere Konzerte im parkähnlichen Garten des Weinguts Steenberg.

79_ Die Rennbahn

Auf Pferde wetten vor den Toren der Stadt

Dass Pferderennen und die Zucht von Galoppern in Südafrika einen hohen Stellenwert einnehmen, ist der historischen Phase der englischen Herrschaft geschuldet. Zwölf Rennbahnen mit rund 440 Meetings im Jahr gibt es in Südafrika, und täglich finden irgendwo Pferderennen statt, auf die munter Wetten platziert werden. Eines der bedeutendsten Rennen ist das J&B Met im Kapstädter Stadtteil Kenilworth.

Aber das J&B Met, gesponsert durch die gleichnamige Whiskymarke, ist viel mehr als Kapstadts größtes Pferderennen, es ist, gemeinsam mit der ebenfalls auf dem Kenilworth Race Court gelaufenen L'Ormarins Queen's Plate, *das* gesellschaftliche Ereignis am Kap. Denn an diesem Tag im Januar pilgern rund 50.000 Menschen in den kleinen Vorort zwischen Wynberg und Claremont, verwandeln Kenilworth in das Mekka des südafrikanischen Rennsports und die Rennbahn in einen Laufsteg der Eitelkeiten. Alles, was Rang und Namen hat, ist vertreten, einflussreiche Firmen und schicke Geschäfte Kapstadts haben ihre eigenen Zelte und Boxen auf diesem Mode- und Glamour-Ereignis des Jahres, das karnevalistische Züge annimmt. Der Champagner fließt, man zeigt sich in den schrillsten Outfits, die schließlich auf großer Bühne prämiert werden und am nächsten Tag die Presse dominieren.

Der britische Kap-Gouverneur Charles Somerset war es, der die südafrikanische Pferdezucht und den Rennbetrieb Anfang des 19. Jahrhunderts in organisierte Bahnen lenkte und zu einem florierenden Business machte. Obwohl mit der Entdeckung der ersten Diamanten 1871, und wenig später des Goldes, Johannesburg auch zum Zentrum des Pferderennsports wurde, hat Kapstadt immer seine Stellung behalten. Anfänglich wurden am Kap Pferderennen am Green Point abgehalten, seit 1882 auf dem Kenilworth Racecourse. Aus der 1883 erstmals veranstalteten Metropolitan Mile wurde nach wechselvoller Geschichte 1978 das J&B Met.

Adresse Kenilworth Racecourse, Kenilworth, Kapstadt 7709, Tel. +27/217971343 | **Anfahrt** auf der M 4 (Main Road) oder M 5 nach Kenilworth, Eingänge zur Rennbahn an der Rosmead Avenue und der Wetton Road; Metrorail: Linie Kapstadt−Simon's Town, Halte-stelle Kenilworth Station | **Öffnungszeiten** über 20 Renntermine im Jahr, vornehmlich im südafrikanischen Sommer | **Tipp** Man sollte einen Blick in die St. James Church von Kenil-worth werfen, wo am 25. Juli 1993 Mitglieder des militärischen Arms des Pan Africanist Congress (PAC) während eines Gottesdienstes ein Massaker verübten. Elf Menschen wurden durch Granaten und Gewehrkugeln getötet, über 50 teilweise schwer verletzt.

80___Der Revolver

Mahnmal gegen die Gewalt

Ein Replikat dieses politischen Kunstwerks gibt es an vielen Orten der Welt – aber in Kapstadt hat die verknotete Schusswaffe aus Bronze eine besonders große Bedeutung. Die Vier-Millionen-Metropole war häufig »Mörderhauptstadt« Südafrikas. Dieser üble statistisch begründete Titel gewinnt noch an Schrecken angesichts der Tatsache, dass in nur wenigen Ecken Lateinamerikas und in Kriegsgebieten Kriminalität und Gewalt schlimmer sind als in Südafrika. Für Touristen besteht zwar kaum eine Gefahr, aber die Südafrikaner leben seit vielen Jahren mit der hässlichen Wirklichkeit des wuchernden Verbrechens und der Alltagsgewalt. Die »Non-Violence«-Skulptur inmitten des Geschäfts- und Vergnügungsviertels Waterfront mahnt an die Gewaltlosigkeit, sie ist ein Symbol für friedliche Konfliktlösungen.

Das Werk Carl Fredrik Reuterswärds findet seit 1980 weltweit Verbreitung, 30 Replikate gibt es inzwischen. Der schwedische Künstler schuf die Skulptur einer überdimensionalen, verfremdeten Colt Python als Reaktion auf die Erschießung des Musikers John Lennon. Reuterswärd war mit dem Ex-Beatle persönlich befreundet. Das Original steht am Sitz der Vereinten Nationen in New York. In Kapstadt wurde die Skulptur 1999 eingeweiht. Das Symbol ist zugleich das Logo der weltweit aktiven Stiftung »Non-Violence Project Foundation«, die auch von Yoko Ono und Paul McCartney unterstützt wird. In Südafrika arbeitet die in der Schweiz ansässige Organisation an Projekten zur Konfliktbewältigung in den Townships mit. Dort haben die Menschen zu Recht am meisten Angst vor Gewalt. Allerdings spielen Schusswaffen nicht die große Rolle wie in den USA oder in Mexiko. Südafrika leidet nicht nur unter der kriminellen, sondern auch unter der häuslichen Gewalt gegen Frauen und Kinder. Frauenverbände sagen, statistisch gesehen werde jeder zweiten Südafrikanerin einmal in ihrem Leben Gewalt angetan.

Adresse Victoria & Alfred Waterfront, Breakwater Boulevard, Kapstadt 8002, www.nonviolence.com | **Anfahrt** zur Waterfront; Bus 104, Haltestelle Waterfront; »Hop on-hop off«-Bus, Haltestelle Aquarium | **Tipp** Im Red Shed Craft Workshop, etwas versteckt am Rande des nahen Shoppingcenters (täglich 9 – 21 Uhr geöffnet), finden sich auch ungewöhnliche Angebote wie zum Beispiel ganzjährig handgemachter Weihnachtsschmuck.

81 Das Rhodes Memorial

Rasten zu Füßen des politischen Visionärs

Das monumentale Denkmal für Cecil Rhodes (1853–1902) steht unweit des Botanischen Gartens an pointierter Stelle hoch über Kapstadt. Es lohnt sich, diesen 1912 vom englischen Architekten Herbert Baker (1862–1946) aus Cape Granit errichteten Säulenbau mit der Büste des britischen Unternehmers und Politikers über die lange, enge Straße hinter der Universität unterhalb des Devil's Peak anzufahren. Vielleicht zu einem kleinen Picknick oder nur des phänomenalen Blickes wegen. Oder um dieser stets umstrittenen Gestalt der südafrikanischen Geschichte ein wenig näherzukommen. Diesem Imperialisten der britischen Krone, der von hier oben auf Afrika blickt, das nach seiner Vision vom Kap bis nach Kairo reichen sollte – unter britischer Herrschaft. Die Bronzestatue »Physical Energy« des ebenfalls englischen Bildhauers George Frederic Watts (1817–1904), die einen Reiter voller »Energie« nach Norden blicken lässt, soll das symbolisieren.

17-jährig war Rhodes von seiner Familie aus gesundheitlichen Gründen nach Südafrika auf die Baumwollplantage seines Bruders geschickt worden, gerade zu dem Zeitpunkt, als die ersten Diamanten gefunden wurden. Die Brüder stiegen ins Edelsteingeschäft ein und brachten es binnen weniger Jahre mit Gold- und Diamantenminen zu einem Riesenvermögen. Der junge Rhodes war Mitbegründer und Besitzer der De Beers Consolidated Diamond Mines, besaß schließlich das Monopol der Diamantenproduktion im südlichen Afrika und wurde zu einem der reichsten Männer der Welt. Er gründete ein Kolonialimperium, das weit über Südafrika hinausreichte. Die von ihm annektierten und eroberten Gebiete Nord- und Südrhodesien, heute Sambia und Simbabwe, wurden schon zu seinen Lebzeiten nach ihm benannt. 1890 wurde Rhodes Premierminister der Kap-Kolonie. Der auch in die Konflikte und den zweiten Krieg mit den Buren (1899–1902) verstrickte Rhodes starb mit 49 Jahren in Muizenberg.

Adresse Rhodes Memorial, Rhodes Drive, Groote Schuur Estate, Kapstadt 7764, www.rhodesmemorial.co.za | Anfahrt mit dem Pkw von der M 3 kommend, Ausfahrt 8 (Rondebosch), über den Rhodes Drive auf die Rhodes Memorial Street bis zum Ende (ist ausgeschildert) | Tipp Hinter dem Memorial gibt es ein Restaurant mit Teegarten, das täglich von 9–17 Uhr geöffnet ist. In Muizenberg lohnt ein Besuch des Rhodes Cottage Museums, dem kleinen Ferienhaus in der False Bay, in dem Rhodes die letzten Tage seines Lebens verbrachte und 1902 tuberkulosekrank an einem Herzinfarkt starb.

82　Das Rugby-Museum

Hier wird den Springboks gehuldigt

Dieses 2013 eröffnete Museum kann es mit den multimedialen Erlebniswelten der großen europäischen Fußballclubs in München, Barcelona und Manchester aufnehmen. Hier ist alles vielleicht ein bisschen kleiner als bei den Soccern, aber von den Effekten, dem didaktischen Aufbau und dem präsentierten Spannungsbogen ist die neue Springbok-Experience ebenbürtig. Hier begreift auch derjenige, der sich nicht sonderlich für Rugby interessiert, die Faszination dieses Sports, der in Südafrika vor allem bei den Weißen eine nationale Institution ist und große Emotionen freisetzt, während bei den Schwarzen der Fußball dominiert.

Der Besucher erfährt anhand der Geschichte der Springboks viel über Rugby, das auch ein entscheidendes Stück der Geschichte Südafrikas ist. 1891 trat erstmals ein südafrikanisches Team in einem internationalen Spiel gegen Großbritannien an. In gold-grünen Trikots und weißen Hosen. Der Beginn einer jahrzehntelangen Ära großer sportlicher Auseinandersetzungen mit allen Rugby-Nationen der Welt. Über das Rugby eskalierte aber auch die Ächtung des Apartheidregimes. Sportliche Isolation sowie Boykotte und Tumulte bei den Auftritten der Springboks waren die Folge. Dann die politische Wende und die Rückkehr auf die internationale Bühne. Die Springboks des neuen Südafrika wurden 1995 und dann noch einmal 2007 Rugby-Weltmeister.

Der Zuschauer nähert sich dem Rugby dank modernster Technologien aus den unterschiedlichsten Perspektiven. Ein multimediales Kino führt in die ganze Wucht und Härte, aber auch die Raffinesse dieses Sports ein. Man begegnet den Idolen aus Vergangenheit und Gegenwart, kommuniziert mit ihnen über interaktive Touchscreens. 60 audio-visuelle Stationen und viele reale Darstellungen machen das Rugby der Sprinboks im Spannungsfeld zwischen Sport und Politik zu einem kurzweiligen und interessanten Erlebnis, wie man es zuvor noch nicht gesehen hat.

Adresse The Springbok Experience, Portswood House, V&A Waterfront, Kapstadt 8002, Tel. +27/214184741, www.sarugby.co.za | **Anfahrt** zur Waterfront, Parken in der Portswood Parking Garage; Bus 104, Haltestelle Waterfront; »Hop on-hop off«-Bus, Haltestelle Aquarium | **Öffnungszeiten** täglich 10−18 Uhr | **Tipp** Es lohnt ein Besuch des 1890 eröffneten, 51.000 Zuschauer fassenden Newlands Stadiums, dem Rugby-Stadion Kapstadts in der Boundary Road in Newlands.

83_Das Rust en Vreugd

Die Kap-Architektur des 18. Jahrhunderts

Dieses Gebäude liegt abseits der vielen Sehenswürdigkeiten rund um den Company's Garden, und nur wenige Besucher verirren sich hierher. Man möchte meinen, das käme den Kapstädter Museumsmachern gar nicht so ungelegen. In den eher nüchternen und mangelhaft beleuchteten Räumen des Rust en Vreugd befindet sich eine wichtige Dependance von Iziko, der Dachorganisation bedeutender staatlicher südafrikanischer Museen. Mit Bürobetrieb, Sitzungsräumen und Cafeteria. Hier scheint allzu viel Publikumsverkehr eher zu stören. Aber der Besuch des Hauses lohnt, denn es gehört zu den schönsten Kapstadts. Der üppige Garten mit seinen verwunschenen Wegen, den im Sommer Früchte tragenden Zitronenbäumen und dem mittigen Pavillon wirkt fast vergessen.

Das 1778 errichtete Gebäude, damals zwischen der Stadt und den Farmen unterhalb des Tafelbergs gelegen, gilt als das besterhaltene Gebäude der Kap-Architektur des späten 18. Jahrhunderts und besticht durch die barocken Verzierungen des deutschstämmigen Kap-Bildhauers Anton Anreith an Fenstern, Türen und Balkonen. Der hochrangige Kolonialbeamte der Dutch East India Company Willem Cornelis Boers hatte sich dieses mondäne Anwesen vom jungen, gerade nach Kapstadt eingewanderten französischen Architekten Louis Thibault entwerfen und bauen lassen.

Rust en Vreugd (»verweile und genieße«) hat eine bewegte Geschichte. Jahrzehntelang gehörte es der Reformierten Kirche und war Ausbildungsstätte für Lehrer, später gab es hier die Cape Town High School. Der Charakter des Gebäudes blieb über die Jahrhunderte erhalten, vielleicht auch, weil Haus und Garten abseits der expandierenden Boomtown lagen. In den 1990er Jahren wurde das Anwesen grundsaniert. Heute beherbergt es neben Iziko (»Herd« in der Sprache der Xhosa) die 1965 vom Geschäftsmann und Kunstsammler William Fehr dem südafrikanischen Volk geschenkte Aquarellsammlung.

Adresse Rust en Vreugd, 78 Buitenkant Street, Gardens, Kapstadt 8000, Tel. +27/214813903, www.iziko.org.za/museums/rust-en-vreugd | **Anfahrt** von der Strand Street über die Buitenkant Street; Bus 103, Roeland Street; »Hop on-hop off«-Bus, Haltestelle SA Jewish Museum | **Öffnungszeiten** Mo–Fr 10–17 Uhr | **Tipp** Wie wohlhabende Kapstädter im 18. Jahrhundert lebten, lässt sich im vollständig erhaltenen und eingerichteten Koopmans de Wet Haus mit vielen Kunstgegenständen in der Strand Street besichtigen. Lohnend ist auch das Bertram House, ein georgianisches Stadthaus am Ende der Government Avenue.

84_ Das San-Zentrum

Das alte Land der Buschmänner

Wenn der überaus freundliche Reiseführer lachend in seine Muttersprache verfällt, weiß man, wie ungeheuer fremd Sprache sein kann. Keine der uns üblicherweise bekannten Fremdsprachen hat auch nur eine Verwandtschaft mit diesem Gemisch aus Klick- und Schnalzlauten der San-Sprache, die nachzuahmen äußerst schwer ist. In !Khwa ttu, einem herrlichen Wildpark mit Kultur- und Bildungszentrum sowie bescheidenen Gästehäusern und einem empfehlenswerten Restaurant mit afrikanischer Küche, ist alles der Erinnerung an die San gewidmet.

Die Buschleute können für sich beanspruchen, vor der leidvollen, von Verdrängung, Eroberung und Kämpfen geprägten Geschichte der Kap-Region vor mehr als 20.000 Jahren wirklich die ersten Bewohner gewesen zu sein, bis sie von den kriegerischen Hottentotten vertrieben wurden. In Kolonialzeiten des 18. und 19. Jahrhunderts durften die eher klein gewachsenen Buschmänner vielfach sogar legal gejagt und getötet werden wie Tiere. Zeitweise waren die San vom Aussterben bedroht.

Das !Khwa ttu-Dokumentationszentrum mit seinen lebendig gemalten Szenen ist der Geschichte der San gewidmet, von denen es in Südafrika nur noch etwa 4.000 gibt. Angeboten werden auch etwa dreistündige Touren durch das hügelige Buschland mit seinen Zebras, Antilopen und Gazellen.

Ein authentisch erbautes, traditionelles San-Dorf mit Rundhütten veranschaulicht das Alltagsleben dieser friedfertigen Jäger und Sammler.

In den Ländern des südlichen Afrikas wie Botsuana oder Namibia fristen die San eine Existenz am Rande der Gesellschaft. Um die bedrohte Kultur zu erhalten, bietet !Khwa ttu seit einigen Jahren einer kleinen Schar von Buschleuten aus den Nachbarländern an, im Bildungszentrum eine neunmonatige Ausbildung zum Touristen- und Naturführer zu absolvieren. Finanziert wird !Khwa ttu von einer schweizerischen Stiftung.

Adresse !Khwa ttu Cultural Village, R 27 West Coast Road, Yzerfontein 7351, www.khwattu.org | **Anfahrt** mit dem Pkw aus Kapstadt kommend Autobahn N 1, dann Landstraße R 27 nach Norden, etwa 70 Kilometer | **Öffnungszeiten** täglich 9–17 Uhr, Führungen 10 und 14 Uhr | **Tipp** Im West Coast National Park, 20 Kilometer nördlich von !Khwa ttu auf der R 27, findet sich ein fast unberührtes Naturreservat mit Lagune, Stränden und Inseln, die Lebensraum Tausender Seevögel, vieler Schildkröten, Antilopen, Straußen und Zebras sind (Tel. +27/227722144).

85 Das Seven Memorial

Gedenken an die Opfer des Staatsterrors

Die Stabilität Südafrikas seit 1994 verdient umso mehr Bewunderung, als das Apartheidregime zuvor mit großer Brutalität vorgegangen war. Aber auch der Afrikanische Nationalkongress (ANC) setzte auf Waffen. Er wollte gegenüber der hochgerüsteten Staatsmacht nicht wehrlos bleiben und zudem das Regime destabilisieren. Die großen, kühl wirkenden Skulpturen des »Seven Memorial« in der Township Gugulethu erinnern an jene blutige Zeit und das tödliche Drama in dem Elendsviertel. Im Sonnenlicht wirken die Figuren der sieben 1986 in Gugulethu erschossenen ANC-Aktivisten gleichzeitig lebendig und flüchtig – ein beeindruckendes Werk der südafrikanischen Künstler Donovan Ward und Paul Hendricks aus dem Jahr 2005.

Das Mahnmal am Straßenrand – einem Schauplatz der Ereignisse von 1986 – erinnert daran, dass über Südafrika lange das Damoklesschwert eines schrecklichen Bürgerkriegs schwebte. Selbst Mandela, der seine Vision von nationaler Versöhnung schließlich umsetzte, war kein Pazifist. Vehement verteidigte er den bewaffneten Kampf. Zum Wendepunkt für den ANC wurde 1960 das Massaker von Sharpeville, wo Sicherheitskräfte ein Blutbad unter unbewaffneten Demonstranten anrichteten. Mandela wurde daraufhin selbst Chef des bewaffneten ANC-Flügels »Umkhonto we Sizwe« (Speer der Nation). Dessen Anschläge richteten sich vor allem gegen Polizeireviere, Militärbaracken und Ämter. Der Staat reagierte mit Härte und neuen Strategien. Geheimdienst-Agenten infiltrierten in Gugulethu eine Gruppe, wiegelten sie zu einem Anschlag auf einen Polizeibus auf, versorgten sie mit Waffen. Das Vorhaben wurde am 3. März 1986 für die ANC-Kämpfer im Alter zwischen 16 und 23 Jahren zur Falle. Sie wurden von zwei Dutzend Polizisten eingekreist und von Kugeln durchsiebt. Ein Gericht sprach später von einer legitimen Anti-Terror-Operation. Dass kein ANC-Mann überlebte, weckte schon damals Zweifel.

Adresse Kreuzung NY1 (Steve Biko Drive) und NY111, Gugulethu, Kapstadt 7750 | **Anfahrt** mit dem Pkw aus Kapstadt kommend auf der N2 Richtung Somerset West, Abfahrt 15, rechts auf die M10, Duinefontein Road, 1. Kreuzung links auf M18, Klipfontein Road, dann links Steve Biko Street; Metrorail blaue Linie, Haltestelle Heideveld | **Öffnungszeiten** zu jeder Tageszeit, Besuch empfehlenswert bei Tageslicht | **Tipp** Nur ein paar hundert Meter weiter auf der Steve Biko Road befindet sich das Amy Biehl Memorial, ein Gedenkstein für die amerikanische Studentin und Menschenrechtsaktivistin Amy Biehl, die 1993 von einem schwarzen Mob in Gugulethu wegen ihrer weißen Hautfarbe umgebracht worden war.

86 Der Signal Hill

Mit dem Auto hoch über die Stadt

Im 17. Jahrhundert war der 350 Meter hohe Signal Hill der Aussichtspunkt für sich nähernde Schiffe in der Bucht von Kapstadt. Waren Fregatten in Sicht, wurde von hier Signal gegeben. Das galt in erster Linie den Kauf- und Wirtsleuten der Stadt, die sich auf gute Geschäfte einrichten konnten. Heute ist der Signal Hill, den man problemlos mit dem Auto erreichen kann, ein bevorzugter Ort, um zu den traumhaft schönen Sonnenuntergängen über Kapstadt einen Sundowner zu genießen. An kleinen fest installierten Tischchen kann man sich ausbreiten oder es sich auf Decken im Gras gemütlich machen. Man schaut auf die Tafelbucht bis Robben Island und den Tafelberg – und bei Einbruch der Dunkelheit auf ein schier nicht enden wollendes Lichtermeer. Der Signal Hill ist auch ein beliebter Ort für Rituale und Besinnlichkeit. Die deutsche Evangelisch-Lutherische Kirche Kapstadt feiert hier beispielsweise ihren Ostergottesdienst.

Und es gibt noch eine Spezialität auf dem Signal Hill. Hier oben lässt sich bestens Gleitschirmfliegen. Verschiedene Anbieter haben auf dem Berg ihre kleinen Verkaufsstellen, wo man, vorbestellt oder spontan, in die Tiefe Richtung Sea Point springen kann. Von einer riesigen Plane aus, die leicht abschüssig am Hang ausgebreitet wird, einer Art Rampe, starten die Paraglider mit ihren Schirmen. Populär ist das Tandem-Paragliding, wobei man vor einem streng lizenzierten Profi sitzt, der den Schirm sicher über Natur und Häuser hinweg der Sonne entgegen an die strandnahen Landeplätze lenkt. Von dort werden die Kunden auf Wunsch wieder zurück auf den Signal Hill gefahren.

Tandem-Paragliding gibt es auch vom Lion's Head aus, allerdings ein wenig aufwendiger wegen des durchaus anstrengenden Aufstiegs. Denn der 669 Meter hohe Lion's Head, der kegelförmige Löwenkopf, ist von der Signal Hill Road auf den letzten 300 Höhenmetern nur zu Fuß zu besteigen.

Adresse Signal Hill, Kapstadt 8001 | **Anfahrt** mit dem Pkw über die Buitengracht Street in die Kloof Nek Road bis zur Signal Hill Road (Ecke Tafelberg Road), dann geht es 3 Kilometer hoch (verschiedene Haltebuchten) | **Öffnungszeiten** am besten zum Sonnenuntergang; zu empfehlen: Cape Town Tandem Paragliding, Tel. +27/768922283 | **Tipp** Auf halber Strecke hoch zum Signal Hill stößt man auf ein weißes quadratisches Gebäude mit grüner Kuppel, einen Kramat, das Grabmal eines muslimischen Geistlichen. Das Gebäude ist geöffnet und lohnt einen Blick.

87 __ Die Sklavenkirche

Wo Sklaven Christen werden mussten

Anfänglich war das Missionieren von Sklaven zum christlichen Glauben strengstens untersagt. Besonders asiatische Sklaven, darunter auch viele muslimische Gelehrte und Menschen gebildeter Schichten, die in ihrer indonesischen Heimat gegen die niederländische Herrschaft opponiert hatten, ließ man die neuen Machtverhältnisse spüren. Die Sklaven waren Muslime, die Herren Christen. Diese Haltung änderte sich zum Ende des 18. Jahrhunderts. Die protestantische Missionsgesellschaft, die sich 1799 gründete, baute unter dem Schutz der britischen Herrschaft eine eigene Kirche in der Long Street, die sie 1804 bezog und die als erste offizielle Sklavenkirche bekannt wurde. Hier wurden Sklaven zum Christentum bekehrt. Einer der bedeutendsten Missionare war der Brite Robert Moffat (1795–1883). Zu diesem Zeitpunkt gab es am Kap rund 30.000 Sklaven und 65.000 »ordentliche« Bewohner.

Die englische Anti-Sklaverei-Bewegung setzte auch die Herren am Kap unter Druck, 1806 wurde die Sklaverei offiziell abgeschafft, aber erst 1833 die Freilassung aller Sklaven wirklich durchgesetzt. Und dennoch: Auch danach wurde durch Gesetze ein System der Zwangsarbeit aufrechterhalten, das die Gesellschaft bis in die Gegenwart nachhaltig brutalisierte. Die Buren wiederum zogen nach Norden und ins Landesinnere, gründeten eigene Republiken und behielten die Sklaverei bei, die sie sogar aus ihrem calvinistischen Glauben heraus begründeten.

Die Slave Church gilt bis heute als die älteste Kirche Kapstadts. Innen ist alles wie früher: die auf ionischen Säulen ruhende Galerie, die Kanzel im chinesischen Chippendale, die 1903 nach einer gründlichen Renovierung eingebaute Ladegast-Orgel aus Deutschland. Die Säulen im Eingangsbereich sind aus alten Schiffsmasten errichtet. Heute befindet sich in der Sklavenkirche ein kleines Museum der South African Missionary Society zur Geschichte der Missionsarbeit in Südafrika.

Adresse Slave Church Museum, 40 Long Street, City, Kapstadt 8001, Tel. +27/214236755 | **Anfahrt** über die Strand Street in die Long Street; Bus 101, Haltestelle Mid Long Street; »Hop on-hop off«-Bus, Haltestelle Long Street Tour Office | **Öffnungszeiten** Mo−Fr 9−16 Uhr | **Tipp** Die über 300 Jahre alte Long Street mit ihren vielen restaurierten Häusern im viktorianischen Stil und den zahlreichen Geschäften, Pubs und Restaurants lohnt einen intensiven Bummel.

A.D.
1799

88_ Der Slangkop Point

Der höchste Leuchtturm steht kurz vorm Kap

Wer sich die Mühe macht, die vielen Stufen der Wendeltreppe zur Glaskuppel hochzusteigen, wird mit einem phantastischen Ausblick belohnt. Schwindelfrei sollte man allerdings sein, denn hier im fünften, gläsernen Stockwerk versperrt nichts den Blick aus 33 Metern Höhe. Slangkop Point liegt inmitten einer kaum berührten Dünenlandschaft, sehr gepflegte Holzstege laden zum bequemen Schlendern ein.

Vor etwa hundert Jahren ordnete der Gouverneur am Kap, Sir Francis Hely-Hutchinson, den Bau des Leuchtturms an, denn vor der felsigen Küste Kommetjies waren zuvor reihenweise Schiffe auf Grund gelaufen, zerschellt oder untergegangen. Hunderte scheiterten an der Umrundung der Südküste des Kontinents. Die Unbill des Wetters und die oft raue See, wo sich der Atlantische und der Indische Ozean mit ihren unterschiedlichen Temperaturen treffen, bedeuteten für Abertausende von Seeleuten den Tod. Und auch heute noch haben die etwa 50 Leuchttürme an den langen Küsten Südafrikas eine enorme Bedeutung.

Ein Schild über dem Eingang des Turms verrät das geplante Einweihungsdatum 1914. Wegen der Wirren des Ersten Weltkriegs wurde das Bauwerk erst 1919 fertig. Den Namen »Schlangenkopf« erhielt der höchste gusseiserne Leuchtturm Südafrikas, weil die kurvenreiche Küstenstraße nach Kommetjie einer sich windenden Schlange gleicht. Bis heute ist Slangkop in Betrieb. Nur braucht man nicht mehr wie früher drei Leuchtturmwärter. Seit 1979 werden von der Spitze vollautomatisch alle dreißig Sekunden vier Blitze auf das Meer hinausgeschickt, die man auf See bis zu einer Entfernung von etwa 60 Kilometern sehen kann. Ein Offizier der Marine überwacht die technischen Anlagen. Besucher sind hier dennoch willkommen, sogar heiraten kann man mit Sondergenehmigung unter der Glaskuppel. Die spektakuläre Lage und der mächtige Eisenturm lockten schon oft Filmcrews aus aller Welt hierher.

Adresse Slangkop Leuchtturm, Lighthouse Road, Kommetjie, Kapstadt 7976, Tel. +27/217831717 | **Anfahrt** mit dem Pkw auf der M 3 aus Kapstadt kommend rechts in die Steenberg Road, links Ou Kaapse Weg, rechts Kommetjie Road, in Kommetjie rechts in die Lighthouse Road | **Öffnungszeiten** Okt.–April täglich 10–15 Uhr, Mai–Sept. Mo–Fr 10–15 Uhr | **Tipp** An verschiedenen Stellen am Kap stößt man auf Wracks gesunkener Schiffe, allerdings ragen die wenigsten aus dem Wasser. Am ehesten kann man Teile am Olifantsbos Point sehen, etwa 20 Kilometer südlich von Kommetjie.

89___Die Sommerrodelbahn

Cool-Runnings-Rodeln auf Afrikanisch

In ganz Afrika gibt es nur eine Rodelbahn: Die Cool-Runnings in Bellville lockt deshalb neben Touristen auch viele Besucher aus der Region an. An einem schönen Samstag können es auch mal mehr als 600 Besucher werden. Die 1,2 Kilometer lange Bahn aus Edelstahl mit 17 Kurven, S-Kurven und kleinen Tunneln ist eine Konstruktion aus Deutschland. Sie wurde 1976 von der Firma Wiegand (Rasdorf bei Fulda) gebaut, die ihre Skilifte, Rutschen und Bahnen seit Jahrzehnten in alle Welt exportiert. Betreiber der Cool Runnings ist der Toboggan Family Park, der dem deutschen Unternehmer Frank Unger gehört.

Das Rodelfahren ist kinderleicht: Je nach Gusto und Mut lässt sich die Geschwindigkeit leicht mit einem Hebel regulieren, maximal rast man mit 40 Stundenkilometern über die Piste, mehr als vier Rodel sind nie gleichzeitig unterwegs. Die Schlitten werden allerdings automatisch verlangsamt, wenn sie am Ende in die Andockstation einfahren. Auf den Rodeln kann man auch zu zweit fahren, Kinder unter sieben Jahren dürfen die Bahn nur zusammen mit einem Erwachsenen benutzen.

Die hübsch in die Parklandschaft eingepasste Rodelbahn und eine große überdachte Terrasse mit Blick auf die Stecke werden das ganze Jahr über für allerlei Feste genutzt. Kinder feiern Geburtstage, Schulklassen treffen sich hier. Eltern nutzen die – von Mitarbeitern der Rodelbahn überwachte – Kurzweil der Kleinen für entspannte Stunden mit Picknickkörben und Getränkeboxen. Ein örtlicher Imbiss bietet ein kleines Angebot an Speisen, Getränken und Snacks.

Immer häufiger treffen sich hier auch junge Leute, um Party zu machen. Pop-Hits erklingen ohnehin den ganzen Tag aus den Lautsprechern – wenn größere Gruppen die Bahn in Beschlag nehmen, bestimmen sie die Musik, ob Hip-Hop oder Hard-Rock. Da die Zahl der Besucher über 18 Jahren stetig wächst, gibt es inzwischen auch Abende, an denen die Rodelbahn geöffnet ist.

Adresse Carl Cronje Drive, Bellville, Kapstadt 7530, Tel. +27/219494439, www.cool-runnings.co.za | **Anfahrt** mit dem Pkw ab Kapstadt die N 1, Richtung Paarl, etwa 25 Kilometer, Ausfahrt 23, links in die Willem van Schoor Avenue, dann die Mispel Road, an der Kreuzung zum Carl Cronje Drive geradeaus zum Eingang von Cool-Runnings; die Anlage liegt genau gegenüber vom Bellville Velodrom | **Öffnungszeiten** Di–Fr 11–18 Uhr, Sa, So und Feiertage 9–18 Uhr, bei Regen geschlossen, ggf. nur vorübergehend während eines Schauers | **Tipp** Der Reptiliengarten im Stodels Garden Centre in der Eversdal Road könnte eine Alternative in Bellville sein, falls überraschender Regen einen Besuch der Rodelbahn verhindert (geöffnet täglich von 9–17 Uhr).

90_ Der Souvenir-Garten

Lebensgroße Mitbringsel am Straßenrand

Wenn man mit dem Auto von Scarborough kommend auf der A 65 von der Red Hill Road auf die Plateau Road einbiegt, stößt man auf zwei Tiergehege der besonderen Art. Beim zweiten, unmittelbar hinter der Kreuzung, sollte man einen Stopp einlegen. Unter schattigen Bäumen in einem lichten Waldstück steht man plötzlich vor riesigen eingezäunten Tieren. Giraffen, mächtige Flusspferde, Elefanten mit erhobenen Rüsseln, Leoparden und Zebrapaare, alle in Lebensgröße aus Holz und Stein. Dazu gibt es Hunderte Skulpturen mit afrikanischen Motiven, Menschen, Schamanen, Phantasiegebilde. Köpfe, Büsten und dann eine Armada kleiner Elefanten aus poliertem Seifenstein, alle individuell gefertigt. Und am Ende des Wäldchens wieder lebensgroße Tierformationen und Personengruppen.

Hier am Straßenrand tut sich ein riesiger Souvenirmarkt auf. Kitschig teilweise, aber dann auch wieder mit interessanten Stücken. Die großen Tiere, die bis zu 3.000 Euro kosten, kaufen überwiegend Südafrikaner, die kleineren finden bei Touristen guten Absatz. Die Verkäufer, die ihr Büro in einer der auf Stelzen stehenden kleinen grünen Holzhütte haben, lassen über den Preis, hoch oder niedrig, mit sich handeln.

Die Künstler beziehungsweise Kunsthandwerker sind größtenteils gelernte Steinmetze, die Mitte der 1990er Jahre aus Simbabwe in das neue Südafrika kamen und ihr Handwerk und ihren eigenen simbabwischen Shona-Stil mitbrachten. Rund zehn inoffizielle Händler teilen sich die beiden Skulpturen-Gärten. Produziert und poliert werden die Stücke größtenteils vor Ort, in einem kleinen Schuppen am Rande der Ausstellung. Oder unter einem lang gezogenen Wellblechdach, wo die Exponate auch vor Regen geschützt sind. Für aufwendige, besonders detailgetreue Produktionen benötigen die Steinmetze oft mehrere Wochen. Viele Stücke werden aber auch aus Simbabwe hierhertransportiert.

Adresse Plateau Road, Ecke Red Hill Road, Redhill, Kapstadt 7975, Tel. +27/21780127 | **Anfahrt** mit dem Pkw die Red Hill Road (M 65) von Scarborogh oder die Plateau Road vom Kap kommend, Einfahrt beim Cape Farm House Restaurant | **Öffnungszeiten** geöffnet täglich 10–17 Uhr | **Tipp** Ein offiziell zugelassener Händler ist der nahe »Red Rock Tribal« (Hinweistafel), ein Laden, der Werke panafrikanischer Künstler anbietet (www.redrocktribal.co.za). Und immer wieder verkaufen Menschen, vielfach aus den Townships, zu guten Preisen bestes südafrikanisches Kunsthandwerk am Straßenrand.

91 Die »Sprungschanze«
Autobahn ins Nichts

Die Provinz Westkap (mit der Hauptstadt Kapstadt) ist eine Hochburg der Demokratischen Allianz. Im restlichen Afrika regiert der ANC (Afrikanischer Nationalkongress). Die deutschstämmige Ministerpräsidentin am Kap, Helen Zille, ist stolz, dass hier die soziale Versorgung und die Infrastruktur besser sind als anderswo im Land. Aber auch in Kapstadt gibt es Belege für peinliche Planungsfehler, so die ins Nichts führende, nie fertiggestellte Hochautobahn »Eastern Boulevard Highway« mitten in der Stadt. Zwar ist dieser abrupt abreißende, auf hohen Pfeilern stehende Highway eine Bausünde der Apartheidzeit, aber bis heute nicht beseitigt.

Nur zwei Gruppen erfreut das spektakuläre Planungsdesaster: Regisseure und Werbeleute nutzen die Straße ins Nirgendwo für allerlei dramatische, komische oder skurrile Filmszenen und Fotoshootings. Zur Fußball-WM 2010 war hier eine gigantische Vuvuzela ausgestellt.

Der Bau der Umgehungsstraße wurde aus etwas undurchsichtigen Gründen 1977 gestoppt. Offiziell hieß es, der Stadt sei das Geld ausgegangen. Andere führten fatale Konstruktionsfehler an, und auch das Gerücht, ein Anwohner habe sein Grundstück für einen Brückenpfeiler nicht hergeben wollen, machte die Runde. Sicher ist nur eines: Plötzlich kümmerte sich niemand mehr um die Hochstraße, Südafrika hatte schließlich andere Probleme.

Bis vor Kurzem schreckte man angesichts der vermuteten Kosten von 200 Millionen Euro von einem Weiterbau der Straße wie auch von einem gleichfalls teuren Abriss zurück. 2017 allerdings wollte die Stadt erneut prüfen, ob man mit dem Bau von Wohnungen und Geschäften unter und neben der Bauruine nicht doch den Ausbau der Stadtautobahn finanzieren könnte. Bei den Einheimischen war die Skepsis über diesen x-ten Rettungsplan der letzten Jahrzehnte enorm. Verschwörungstheoretiker behaupten ohnehin, die Stadtplaner hätten von Anfang an nur eine hollywoodreife Filmkulisse bauen wollen.

Adresse Eastern Boulevard Highway, City, Kapstadt 8000 (die fertiggestellte Autobahn auf der anderen Seite heißt heute Nelson Mandela Boulevard) | **Anfahrt** mit dem Pkw irgendwo an der Ecke Buitengracht Street, Strand Street parken; Bus 105, Haltestelle Strand Street | **Tipp** Das Cape Town International Convention Center (CTICC), eines der modernsten Tagungszentren Afrikas, befindet sich ganz in der Nähe, Convention Square, 1 Lower Long Street.

92_ Der Steinbruch

Sträflingsarbeit auf Robben Island

»Sie wollten unseren Geist brechen, aber wir sangen Freiheitslieder … Sie sagten uns: ›Kein Singen bei der Arbeit.‹ So spürten wir wirklich die Härte der Arbeit.« Nüchtern beschrieb Nelson Mandela den Alltag im Steinbruch Limestone Quarry während seiner 18 Jahre auf der Gefängnisinsel Robben Island. Der Name steht heute symbolträchtig für die brutale Verfolgung der Freiheitskämpfer während der Apartheid, denn Robben Island bedeutete für bis zu 3.000 Menschen Isolation, täglich peinigende Schwerstarbeit mit der Spitzhacke und brutale Willkür durch die Wärter des Regimes. Mandela trug vom grellen Sonnenlicht im Steinbruch ein lebenslanges Augenleiden davon. Wer an einem heißen Sommertag vor dem verwaisten Steinbruch steht (Umhergehen ist untersagt), ahnt die Pein der Häftlinge.

Wenn die Felsen der drei Steinbrüche Blue Quarry, Van Riebeecks Quarry und Limestone Quarry sprechen könnten, hätten sie eine Geschichte des Leidens zu erzählen, die bis in das 17. Jahrhundert zurückreicht. Sträflinge, Sklaven und brutal ausgebeutete Tagelöhner schlugen hier die Steine für Häfen, Häuser und Straßen an der Küste.

Der Limestone-Steinbruch, der zur Besichtigungstour Robben Island gehört, wurde von den niederländischen Kolonialherren eingerichtet. Die Insel diente ihnen, und später den britischen Kolonialherren, vor allem als Sträflingskolonie, war aber auch Abschiebeort für Aussätzige, Leprakranke und »Verrückte«. Heute ist das Eiland mit seinen Gefängnisgebäuden, der original erhaltenen Einzelzelle Nelson Mandelas und den Steinbrüchen ein Nationaldenkmal und faszinierendes Museum für den leidvollen Weg der Freiheitskämpfer zu Gleichheit und Demokratie. Wer die gut organisierten, etwa vierstündigen Besuchstouren mitmacht, begreift, dass eine Flucht von dieser windgepeitschten Insel mit dem Blick auf den nahen Tafelberg und die Stadt unmöglich war.

LIME QUARRY

Adresse Robben Island, Kapstadt 7400 | **Anfahrt** Abfahrt der organisierten Touren (nur so lässt sich die Insel besuchen) am Nelson Mandela Gateway, Waterfront, V&A Clock Tower, Kapstadt 8001 | **Öffnungszeiten** Abfahrt der Fähren um 9, 11 und 13 Uhr, allerdings wetterabhängig; unbedingt Karten rechtzeitig vorher kaufen, oft sind Touren tagelang ausverkauft, Tel. +27/2141342201; Nelson Mandela Gateway: info@robben-island.org.za; Fahrkarten über www.webtickets.co.za | **Tipp** Die Überfahrt nach Robben Island lohnt auch wegen des großartigen Blicks auf Kapstadt und den Tafelberg.

93 Der Strand der Pinguine

In Boulders einem Naturwunder beiwohnen

Pinguine in Afrika überraschen. Verbindet man doch mit den eindrucksvoll stolzierenden Seevögeln in ihrem Frack-ähnlichen Gefieder die eisigen Landschaften der Antarktis. Auch der portugiesische Seefahrer Vasco da Gama, der als Erster den Seeweg um das Kap der Guten Hoffnung nach Indien entdeckte, war 1497 überrascht, in der Mossel Bay auf Pinguine zu stoßen. Seine Tagebuchnotiz ist der erste bekannte Hinweis auf die Existenz der Brillenpinguine an den Küsten Afrikas.

Die ungewöhnlichen Seevögel leben auch heute noch an den Küsten im Südwesten. Aber der Brillenpinguin ist eine bedrohte Art. Vor hundert Jahren gab es ihn noch millionenfach in Afrika, heute sind es in Angola, Namibia und Südafrika nur etwas mehr als 20.000 Exemplare. Nirgendwo allerdings lassen sich die Tiere schöner beobachten als an dem Boulders Beach in Simon's Town. Besucher müssen nicht unbedingt in die Anlage des südafrikanischen Nationalparks gehen, um Pinguine zu sehen. Auch an den nahen Stränden und in den Dünen finden sich einige der stoisch wirkenden Vögel. Aber der Eintrittspreis für die staatliche Anlage lohnt: Auf den gewundenen Holzstegen durch die Dünen bis zum Strand lassen sich Brutstätten und Lebensraum von mehr als 1.000 Pinguinen hautnah beobachten.

Boulders Beach gehört zum Tafelberg Nationalpark und ist entsprechend gepflegt und geschützt. Tierschützer kümmern sich auch um die Brutplätze in den Dünen, Besucher können die Pinguine in den kleinen Plexiglas-Häuschen oder auch in den einfachen, in die Erde eingegrabenen Plastikbehältern beim Brüten beobachten. Inzwischen sind die Seevögel, die zuweilen eselartige Geräusche von sich geben, so sehr an Menschen gewöhnt, dass sie ohne Scheu in der Gegend herumwandern, zuweilen sogar in die Gärten der umliegenden Häuser eindringen. In Simon's Town warnen Verkehrsschilder vor herumlaufenden Pinguinen.

Adresse Boulders Penguin Colony, Boulders Beach, Simon's Town, Kapstadt 7975, www.sanparks.co.za | **Anfahrt** mit dem Pkw von Kapstadt kommend M 3 über Muizenburg nach Simon's Town, der Queens Road folgen bis zur Penguin Colony, dann links abbiegen; Metrorail rote Linie, Haltestelle Simon's Town (Endstation) | **Öffnungszeiten** Dez.–Jan. 7–19.30 Uhr, Feb.–März 8–18.30 Uhr, April–Sept. 8–17 Uhr, Okt.–Nov. 8–18.30 Uhr | **Tipp** Wer will, kann am kaum besuchten Strand schräg gegenüber der geschützten Anlage, eine Abfahrt auf der Queens Road weiter als die Boulders Kolonie, zwischen Pinguinen schwimmen.

94 Die Strandhäuschen

Die farbigen Umkleidekabinen der Apartheid

Es gibt diese kleinen bunten Häuschen an den Stränden von Muizenberg, Fish Hoek und St. James. In St. James stehen sie gleich neben dem künstlich ins felsige Meer einbetonierten Gezeitenpool, in dem man auch bei starker Brandung baden kann.

Heute werden die Badehäuschen saisonweise vermietet, was allerdings auf heftige Kritik stößt. Denn hat man einmal ein solches Umkleidehäuschen ergattert, in dem man seine gesamten Badeutensilien verstauen kann, gibt man es nicht so schnell wieder her. Dementsprechend lang sind die Wartelisten für eines dieser frei werdenden Kleinode. Das ist übrigens in deutschen Schrebergärten nicht anders. Und dennoch sind diese pittoresken viktorianischen Umkleidekabinen auch ein Symbol für Freiheit und gegen Menschenverachtung und Ausgrenzung. Denn der freie Zugang zu den Stränden und damit zu diesen auf Holzstelzen stehenden Umkleidekabinen war natürlich nicht immer möglich. Zu Zeiten der Apartheid waren die Strände der östlichen Kap-Halbinsel ausschließlich den Weißen vorbehalten und galten als mondän und exklusiv. Ende des 19. Jahrhunderts war besonders der Strand von Muizenberg, der sich kilometerweit die False Bay entlangzieht, der sommerliche Tummelplatz der wohlhabenden Kapstädter, analog zur heutigen Camps Bay.

Das Wasser an der False Bay lädt zum Baden ein, denn es ist ruhiger als an der Westküste der Kap-Halbinsel und über das Jahr gesehen stets um einige Grad wärmer. Die Kehrseite: Es gibt wegen des starken Robbenaufkommens immer wieder Haie in der 40 Kilometer breiten False Bay, allerdings auch ein ausgeklügeltes Frühwarnsystem mittels Haiflaggen in verschiedenen Warnfarben. False Bay heißt »falsche Bucht«. Die Namensgebung hat einen Grund: Immer wieder hatten Seefahrer bei der Umsegelung der Südspitze Afrikas irrtümlich in der False Bay die Anker geworfen, da sie glaubten, bereits in der Kap Bay angekommen zu sein.

Adresse Main Road, St. James, Kapstadt 7945 | **Anfahrt** mit dem Pkw aus Kapstadt kommend über die M 3/M 4; Metrorail rote Linie, Haltestelle Muizenberg oder St. James | **Öffnungszeiten** Man kann sich die Strandhäuschen ganzjährig anschauen, mit ein bisschen Glück sind einige leer und geöffnet. | **Tipp** In der einige Kilometer nördlich von Muizenberg gelegenen Salzwasserlagune Rondevlei, die 1952 zum Naturschutzgebiet erklärt wurde und ein Vogelparadies ist, stößt man auf Nilpferde, die man vom Boot aus sehen kann.

95_Die Straußenfarm

Am Nationalpark trifft man auf die Riesenvögel

Im Grunde ist die Kap-Halbinsel ein einziger Nationalpark. Atemberaubende Bergmassive, kilometerlange wilde Strände, eine einzigartige Flora und Fauna – und dann fährt man entlang der Außenseite des Table Mountain National Parks und stößt kurz vor der Einfahrt zum Kap auf Tiere, die man natürlich mit Südafrika verbindet, aber hier, so kurz vor dem südlichsten Zipfel der Halbinsel, nicht vermutet.

Auf riesigen grünen Wiesen, vor den Bergen gelegen, bewegen sich unzählige Straußenvögel, die einen längeren Stopp geradezu erzwingen. 1996 hatten zwei Deutsche den Gedanken, hier eine alte, heruntergekommene und nicht mehr betriebene Farm, von der nur noch Ruinen aus dem Dickicht ragten, zu erwerben und neu zu beleben. So kamen sie auf die Riesenvögel, gründeten eine Brut- und Zuchtfarm für Strauße.

Heute führen sie die sehenswerte, 65 Hektar große Cape Point Ostrich Farm mit über 40 Straußenbrutpaaren, die regelmäßig für Nachwuchs sorgen. Insgesamt leben in den weiten Gehegen rund 800 Vögel. Immerhin werden Strauße über 70 Jahre alt, und hier begegnet man ihnen in allen Altersgruppen. Sie wachsen und nehmen an Gewicht so schnell zu wie sonst kein anderes Tier. Und sie können bis zu 80 Stundenkilometer schnell sein. Aber es handelt sich bei dem Familienbetrieb mit den weißen, gepflegten Häusern und Stallungen im typischen kapholländischen Stil nicht um eine Art Zoo, sondern um einen professionell gemanagten Betrieb mit angeschlossenem Restaurant, in dem es natürlich alle Variationen von zubereitetem Straußenfleisch gibt. Mit farmeigenem Straußenfleisch werden auch die besten Restaurants Kapstadts beliefert. In einem gut sortierten Shop kann man alles rund um die Vögel erwerben. Riesige, kunstvoll verarbeitete Eier, dazu ein großes Sortiment an Taschen, Schuhen und diversen Accessoires – alles aus Straußenleder.

Adresse Cape Point Ostrich Farm, P.O. Box 867, Sun Valley, Kapstadt 7985,
Tel. +27/217809294, www.capepointostrichfarm.com | **Anfahrt** mit dem Pkw über die
M 65, Farm liegt rund 400 Meter nördlich des Eingangs zum Table Mountain National Park
mit dem Cape of Good Hope | **Öffnungszeiten** täglich 9.30–17.30 Uhr, geführte Touren,
auch auf Deutsch: Man erfährt alles über die ungewöhnlichen Laufvögel und kann mit
etwas Glück Straußenküken beim Schlüpfen zusehen. | **Tipp** Kurz bevor man von Kom-
metjie kommend in Scarborough nach links in Richtung Cape Point abbiegt, stößt man
auf den Camel Rock, der wegen seiner höckerförmigen Beschaffenheit so genannt wird.

96 Die Synagoge
Jüdisches Leben am Kap

Mit der Machtübernahme der Briten und der freien Religionsaus-übung kam 1806 die erste nennenswerte Gruppe europäischer Juden nach Südafrika, von denen sich die meisten am Kap niederließen. Bereits 1841 wurde in Kapstadt mit der Tikvath-Israel Gemeinde die erste jüdische Gemeinde gegründet. Infolge der Diamanten- und Goldfunde wanderten ab 1860 immer mehr Juden vor allem aus England und Deutschland nach Südafrika ein, um ihr Glück zu suchen. 1863 wurde am Company's Garden die erste Synagoge Süd-afrikas gebaut, die heute den Eingangsbereich des modernen Jewish Museums darstellt, das im Jahr 2000 nach einer grundlegenden Mo-dernisierung von Nelson Mandela feierlich wiedereröffnet wurde.

Zwischen 1880 und 1910 immigrierten rund 40.000 Juden aus Osteuropa nach Südafrika, nicht zuletzt wegen des Antisemitismus in ihren Heimatländern. Die Litauer stellen bis heute den größten Teil der jüdischen Gemeinde Kapstadts. 1905 wurde die Große Sy-nagoge mit ihrer imposanten Kuppel gebaut. Ab 1933 flohen Tau-sende Juden vor dem Nazi-Terror nach Südafrika. Aber die mit Na-zideutschland sympathisierende südafrikanische Regierung schränkte ab 1937 durch den sogenannten »Aliens Act« die Einwanderung stark ein. Das Cape Town Holocaust Centre dokumentiert die Grauen Nazideutschlands und des Zweiten Weltkriegs.

Das Jewish Museum dokumentiert mit modernen interaktiven Präsentationsformen die Geschichte der südafrikanischen Juden, ih-ren Einfluss auf das politische, kulturelle und wirtschaftliche Leben. Juden waren leitende Handwerker und Baumeister, spielten eine füh-rende Rolle im Gold- und Diamantengeschäft, gründeten große Ta-geszeitungen, waren dominant in der Wollindustrie und im Schiffs-bau. Zahlreiche Juden engagierten sich gegen das Apartheidregime, auch wegen dessen unverhohlenem Antisemitismus, und nicht we-nige arbeiteten im oppositionellen African National Congress (ANC) mit.

Adresse Große Synagoge, South African Jewish Museum und Cape Town Holocaust Centre, 88 Hatfield Street, Gardens, Kapstadt 8001, Tel. +27/214651546, www.sajewishmuseum.co.za (Museum), Tel. +27/214625553, www.holocaust.org.za (Holocaust Centre) | **Anfahrt** über die Plein Street in die Hatfield Street; Bus 101/103, Haltestelle Annandale; »Hop on-hop off«-Bus, Stop SA Jewish Museum | **Öffnungszeiten** So–Do 10–17 Uhr, Fr 10–14 Uhr (Ausweis erforderlich für den Sicherheits-Check am Eingang) | **Tipp** Gleich nebenan lohnt die National Gallery unbedingt einen Besuch. Kapstadts größtes Auktionshaus für Kunst und Antiquitäten befindet sich in der nahen Vrede Street 8.

97 _ Das Taal-Monument
Denkmal für die Sprache Afrikaans

Das Monument, an den südlichen Hängen des Paarlberges gelegen, überragt weithin sichtbar das gesamte Tal der weitläufigen Landwirtschafts- und Weinregion. Das 1975 vom Architekten Jan van Wijk (1926–2005) errichtete Denkmal erinnert an den Beginn der eigenständigen Sprache Afrikaans, die hundert Jahre zuvor in Paarl aus der Taufe gehoben worden war und 1925 nach Englisch zur zweiten offiziellen Sprache Südafrikas erklärt wurde. Damit wurde Holländisch als Staatssprache abgelöst. Die Buren sahen Afrikaans als Symbol einer eigenen Kultur am Kap. Afrikaans stand aber auch für Unterdrückung und Apartheid. In Paarl wurde mit dem »Afrikaanse Patriot« die erste Zeitung in der neuen Sprache gedruckt.

Das Denkmal besteht aus unterschiedlich hohen Stelen, Säulen und Bögen, von denen die mit 57 Metern höchste, spitz aufragende für das Afrikaans steht. Schon lange hatte sich Afrikaans, ein Mix aus Holländisch, Französisch, Deutsch und Englisch sowie den afrikanischen Sprachen Khoisan und Xhosa und dem malaysisch-indonesischen Einfluss der ans Kap verschleppten Sklaven, als Sprache entwickelt und durchgesetzt. Einen großen Schub erhielt das Afrikaans, als die Briten 1828 Englisch zur einzigen Amtssprache erheben wollten, was auf großen Protest stieß. Nachdem die Abschaffung der Sklaverei 1833 zum »Grossen Trek« (1835–1841) der Buren in die Gebiete nördlich des Oranje-Flusses und zur Gründung der »Zuid-Afrikaanschen Republiek« führte, sprach man dort nur noch Afrikaans. Am 14. August 1875 wurde schließlich Afrikaans als eigenständige Sprache ausgerufen.

Vom Taal-Monument – Taal bdeutet auf Afrikaans »Sprache« – hat man einen kilometerweiten Blick auf das Tal von Paarl und die angrenzende Bergkette. Das Denkmal umgibt ein verwunschener Park. Auf der vorgelagerten grünen Freifläche finden im Sommer regelmäßig Konzerte statt, von Rockgruppen bis zu einschlägigen Jazzformationen.

Adresse Gabbema Doordrift, Paarl 7646, Tel. +27/218634809, www.taalmonument.co.za |
Anfahrt mit dem Pkw von der N 1 von Kapstadt kommend auf die R 45 einbiegen, dann
linker Hand | **Öffnungszeiten** April–Nov. täglich 8–17 Uhr, Dez.–März 8–20 Uhr |
Tipp Weitere Informationen gibt es im Besucherzentrum am Monument. Vertiefen kann
man die Geschichte des Afrikaans im Taalmuseum in Paarl in der Pastorie Avenue.

98__Die Terrasse

Ins Mount Nelson zur blauen Stunde

Wohnen muss man nicht im Mount Nelson, diesem noblen, aus der Kolonialzeit stammenden Fünf-Sterne-Hotel am Fuße des Tafelbergs im Herzen Kapstadts. Einmal, weil es für die meisten den finanziellen Rahmen sprengen würde, zum anderen, weil es ziemlich strengen Ritualen unterliegt. Allerdings macht das auch den Charme aus, den dieses exquisite Hotel ausstrahlt. Gerade deshalb: Ein Besuch der großzügigen Terrasse auf der rückwärtigen Seite der perfekten Kolonialstil-Lounge und der gut sortierten Planet-Bar lohnt unbedingt.

Auf der Terrasse zum Sundowner am späten Nachmittag einkehren, auf einige köstlich kalte Biere, einen Cocktail oder auch zum englischen Tee mit vielen ausgesuchten Leckereien, ist das reinste Vergnügen. Man sitzt mit herrlichem Blick auf den ausladenden parkähnlichen Garten mit altem Baumbestand, Rosensträuchern und geschmackvoll platzierter moderner Kunst, sicherlich an einem der privilegiertesten Orte Kapstadts, kann die Seele baumeln lassen und die Spätnachmittagsstimmung genießen. Freundliche und zuvorkommende Ober vermitteln das Gefühl tiefer Wohligkeit und meditativer Ruhe.

Wie überhaupt das gesamte Lord Nelson, alle Gebäude sind in dezentem Rosa gehalten, dem Markenzeichen des Hotels, eine Gediegenheit ausstrahlt, die sich auf den Besucher zwangsläufig überträgt. Schon der Angang, vorbei an einem Wachmann mit Tropenhelm, zu diesem 1899 eröffnetem, in viktorianischem Stil erbauten Hotel, dem ersten Südafrikas mit fließendem heißen und kalten Wasser, vermittelt das Eintauchen in eine frühere Epoche. Hier stiegen Mitglieder der Königsfamilien ab, Staatsmänner und Theatergrößen. Das gesamte Hotel-Ensemble mit seinen zahlreichen separaten, vom Haupthaus getrennten Flügeln, Gartenhäusern und Pools wurde in den zurücklegenden Jahrzehnten immer wieder dezent erweitert und hochmodern ausgestattet.

Adresse 76 Orange Street, Gardens, Kapstadt, 8001, Tel. +27/214831000, www.belmond.com/mount-nelson-hotel-cape-town | **Anfahrt** über die Buitengracht Road in die Orange Street; Bus 101, Haltestelle Government Avenue; »Hop on-hop off«–Bus, Haltestelle Mount Nelson Hotel | **Öffnungszeiten** Terrasse täglich geöffnet | **Tipp** Herausragend im Mount Nelson ist der traditionelle »Afternoon Tea« mit einem außergewöhnlichen Kuchenbuffet, der jeden Nachmittag in der Lounge serviert wird und der auch Nicht-Hotel-Gäste einlädt (13.30 – 15.30 und 15.30 – 17.30 Uhr, Reservierung ratsam unter Tel. +27/2148311948)

99__Die Test-Küche

Ein kleines Restaurant mit großem Ruf

Das angeblich beste Restaurant Afrikas und das 48st-beste der ganzen Welt, so zumindest die berühmte »San Pellegrino Liste«, liegt im hinteren Winkel der Old Biscuit Mill. »The Test Kitchen« hat dieses Zentrum urbanen Lebens in der ehemaligen Keksfabrik Woodstocks weiter aufgewertet. Zwischen Cafés, Kneipen, Galerien, Boutiquen, Delikatess- und Antiquitätenläden lockt das exquisite Lokal nicht nur ein betuchtes Publikum. Wer aber in dem stilvollen, eher schlicht und streng eingerichteten Restaurant essen möchte, muss Wochen, zuweilen Monate im Voraus einen Tisch reservieren.

Der vielfach ausgezeichnete Küchenchef Luke Dale-Roberts hat mit seiner »Test-Küche« binnen Kurzem eine kulinarische Kultstätte von Weltruf geschaffen. Auf den ersten Blick signalisiert in dem von dunklen Tönen dominierten Lokal vor allem die quirlige Mannschaft in der einsehbaren Küche, dass man sich in einem Spitzenrestaurant befindet.

Der gebürtige Brite Dale-Roberts, der sich rühmt, schon Madonna und Kylie Minogue bekocht zu haben, hat sich einer kreativen Crossover-Küche verschrieben. Er kombiniert mutig Thunfisch-Sashimi mit italienisch anmutendem Käse-Röstbrot, Gänsestopfleber mit Baiser und Früchten oder Kalbsbries mit Falafel. Die Köche hantieren hier mit Hummer oder Kudu-Filet ebenso souverän wie mit Schweinebauch oder eingelegtem Fisch.

Das vielgerühmte Lokal besticht mit einem für Kapstadt typischen Vorteil: Wer in Berlin, London oder Wien auf diesem Niveau genießen will, muss leicht das Doppelte und mehr bezahlen. Selbst bei den Preisen der ambitionierten Weinkarte wird Maß gehalten. Viele erstklassige Tropfen können glasweise bestellt werden. Dale-Roberts will seine Hochküche in jeder Hinsicht, angefangen von unprätentiösen Kellnern bis hin zu erträglichen Preisen, für mehr Menschen zugänglich machen. »Gehobenes Essen für das Volk, vom Volk«, scherzt er.

Adresse The Test Kitchen, Shop 104 A, The Old Biscuit Mill, 375 Albert Road, Woodstock, Kapstadt 7915 | **Anfahrt** mit dem Pkw von der Strand Street auf die R 102 (Newmarket Street), geht über in die Albert Road; Bus 102 bis Woodstock, Haltestelle Kent Street | **Öffnungszeiten** Di–Sa 12–14 und 19–21 Uhr | **Tipp** Feine Pralinen und Trüffel werden in der kleinen Schokoladenmanufaktur CocoáFair hergestellt und verkauft, nur wenige Meter von der Test Kitchen entfernt.

100 — Das Theatre on the Bay

In Camps Bay trifft sich auch die Avantgarde

In einer Stadt wie Kapstadt mit zwei Dutzend Bühnen haben es kleine, private Theater oft schwer, das Publikum immer wieder anzulocken. Dem Theatre on the Bay gelingt das schon seit 1988. Das Haus im Ortsteil Camps Bay, der besonders populär ist wegen seiner schönen Strände und des illustren Vergnügungsviertels, ist fester Bestandteil des Kulturlebens von Kapstadt. Das Privattheater floriert vor allem dank der Leidenschaft und den Fähigkeiten des Produzenten und Theatermanagers Pieter Toerien. Schon mit 20 Jahren, als blutjunger Impresario, schaffte er es, die Hollywood-Legende Marlene Dietrich nach Südafrika zu holen. Er hatte sich 1964 in New York einfach vor ihre Haustür gesetzt, bis sich die Sängerin und Schauspielerin erweichen ließ und zu Tourneen nach Südafrika kam.

Toeriens erfolgreiches Konzept für das Theater in Camps Bay mit seinen 260 Plätzen lautet Vielfalt und Abwechslung. Dramen, Musicals und Tanz finden hier ebenso eine Bühne wie Kabarett oder Stand-up-Comedy. Die Bandbreite reicht von internationalen Bühnenhits wie Andrew Lloyd Webbers »Sunset Boulevard« oder dem Disney-Klassiker »Die Schöne und das Biest« bis zu Aufführungen südafrikanischer Dramatiker und eher unbekannter Stücke. Toerin gewinnt immer wieder den populären Kabarettisten Pieter-Dirk Uys, der in Darling sein berühmtes Travestie-Theater betreibt, für Auftritte im »Strandtheater«. Beide teilen die frühe Ablehnung der Apartheid, das soziale Engagement und die Begeisterung für eine lebendige, mutige Theaterkunst. Die Kapstädter schätzen die Intimität des Strandtheaters, in dem Schauspieler nach den Aufführungen oft das Gespräch mit Besuchern im Foyer oder an der Bar suchen. Ein Theaterrestaurant lockt mit einem mehrgängigen, leichten Dinner vor den Aufführungen. Für ausländische Besucher eher ungewohnt ist die Option, sein Getränk auch mit in die Vorstellung nehmen zu können.

Adresse Theatre on the Bay, 1A Link Street, Camps Bay, Kapstadt 8005, Tel. +27/214383301, www.theatreonthebay.co.za | **Anfahrt** mit dem Pkw von Kapstadt M 6 Richtung Sea Point, Clifton und Camps Bay, durch den Ort, fast am Ende links in die Link Street; Bus 106/108/ 109, Haltestelle Whale Rock | **Öffnungszeiten** veranstaltungsbedingt, abends meist 20 Uhr, sonntags oft Vorstellungen auch um 15 Uhr | **Tipp** Direkt gegenüber vom Theater befindet sich der Camps Bay Tidal Pool, ein Gezeitenschwimmbad, dessen Meerwasser von der Sonne erwärmt wird. Und der Strand von Camps Bay ist ohnehin einer der Extraklasse.

101 — Die Tretmühle

Folterwerkzeuge im Breakwater Lodge

Die rassistische Apartheid gab es in vielen Bereichen faktisch schon lange, bevor sie 1948 offiziell zum politischen System Südafrikas wurde. Bereits im 19. Jahrhundert wurde im damaligen Gefängnis Breakwater Prison strikt zwischen Schwarz und Weiß getrennt. Allerdings war das Gefängnis, trotz mancher Bevorzugung weißer Häftlinge, ein Ort des Grauens für alle Insassen. Davon zeugt noch heute die 1890 installierte »Tretmühle«, ein Folterinstrument, in dem bis zu drei Gefangene gleichzeitig malträtiert werden konnten. Wer nicht mehr weiter auf der rotierenden Stufenrolle strampeln konnte, kam mit den Gliedern ins Getriebe. Schreckliche Quetschungen oder Brüche waren die Folge.

Heute befinden sich auf dem Gelände das Protea Hotel Breakwater Lodge sowie die Graduate School of Business der Universität Kapstadt. Erhalten sind aber noch die vier Ecktürme des Gefängnisses, einige Gebäude, Mauern und Installationen. Das Hotelpersonal ist meist gerne bereit, Touristen zu den gruseligen Gerätschaften zu führen. Auf dem Weg sieht man auf den Mauern nicht leicht erkennbare authentische Kritzeleien, Sprüche und Zeichnungen der Gefangenen. In den Hotelfluren sind die alten Haftprotokolle hinter Glas zu sehen, auf denen minutiös und pedantisch Delinquent, Missetat, Strafe und Datum aufgelistet sind.

Das 1859 errichtete Breakwater Prison diente den britischen Kolonialherren vor allem dazu, Sträflinge aus dem Mutterland an das Kap zu holen. Die Kapstädter wehrten sich vergeblich gegen den Import von Schwerverbrechern. Die Insassen des Gefängnisses in unmittelbarer Nähe zum Meer wurden beim Ausbau des Hafens eingesetzt, mussten beim Dammbau, Straßenbau und in den Bergwerken arbeiten.

Die Häftlinge fürchteten zwar die Tretmühle — aber sie wurde nicht sehr oft eingesetzt. Zu groß war der Bedarf an einsatzbereiten, starken Arbeitern auf den unzähligen Baustellen.

Adresse Protea Hotel Breakwater Lodge, Portswood Road an der V&A Waterfront, Kapstadt 8001, Tel. +27/214061911 | **Anfahrt** zur Waterfront; Bus 104, Haltestelle Nobel Square; »Hop on-hop off«-Bus, Haltestelle Aquarium | **Öffnungszeiten** immer zugänglich, Besuch bei Tageslicht zu empfehlen; die Tretmühle ist auch Bestandteil der täglichen Waterfront-Führungen (Historic Walking Tours), die am Chavonnes Battery Breakwater Museum starten | **Tipp** Im Chavonnes Battery Breakwater Museum im Waterfront-Zentrum sieht man Waffen des 18. Jahrhunderts und erhält Informationen über die Kämpfe um Kapstadt (The Clock Tower Precinct).

102 Das Türkische Bad

Seit hundert Jahren Badespaß

Braucht eine meerumschlungene Stadt eigentlich ein Hallenbad? Eher nicht, könnte man meinen. Und dennoch verfügt Kapstadt über ein solches, das dazu noch alt und originell ist. Irgendwie zwar ein wenig in die Jahre gekommen und mit Patina belegt, aber sauber und funktionstüchtig und unter städtischer Regie akkurat geführt. Das Türkische Bad an der Spitze der Long Street ist das einzige öffentliche Hallenbad in Kapstadt und eine Überraschung dazu.

Dabei macht ein solches Bad natürlich Sinn. Denn wo sonst sollen Leistungsschwimmer im südafrikanischen Winter trainieren, Schwimmvereine gibt es am Kap reichlich. Ob das die Walmers, die Cape Stormers oder der Trafalgar Club ist, sie trainieren während der Woche regelmäßig von 17 bis 19 Uhr an der Long Street. Ansonsten steht das Bad den Kapstädtern zur Verfügung, und vielfach sind es auch Geschäftsleute, die, zumindest im Sommer, während der Mittagspause schnell mal ein paar Bahnen ziehen. Das türkische Bad und die große Schwimmhalle sind eine vorzügliche Rückzugsmöglichkeit von der Hektik der Stadt, morgens oder um die Mittagszeit kann es sogar passieren, dass man nahezu alleine ist.

1908 wurde das Schwimmbad in der Long Street gebaut, damals noch mit dazugehörigen Baderäumen für diejenigen, die zu Hause keine Wanne hatten. 1926 wurde in einem Anbau das Türkische Bad eingerichtet, von Anfang an ein Erfolg und eine gute Ergänzung zur großen Schwimmhalle mit dem 25-Meter-Becken. Das Schwimmbad und auch der Ruheraum des Dampfbades verfügen über zum Teil phantasievoll bemalte Außenwände heute nicht mehr zu ermittelnder Künstler. Ein erstes türkisches Bad gab es an dieser Stelle schon 1860.

Heute verfügt das Long Street Bath über zwei Dampfbäder, eine Sauna, Massagebänke, ein kaltes Tauchbecken und Duschen. Sauna und Dampfbad sind nach Geschlechtern getrennt. Das Schwimmbad ist für alle geöffnet.

Adresse Orange Street, Ecke Long Street, Gardens, Kapstadt 8001, Tel. +27/214003302 |
Anfahrt am Ende der Long Street; Bus 101/106/107, Haltestelle Upper Long Street;
»Hop on-hop off«-Bus, Haltestelle South African Museum | **Öffnungszeiten** Schwimm-
bad täglich 7–19 Uhr, vorher anrufen, ob das Türkische Bad betriebsbereit ist; Sauna und
Dampfbad: Mo, Do, Sa für Frauen, Di, Mi, Fr und So für Männer | **Tipp** Schräg gegenüber
steht die Kirche der Deutschen Evangelisch-Lutherischen St. Martini Kirchengemeinde
Kapstadts. Direkt neben dem Bad findet man die Jumu'a Moschee.

103__ Das Vergelegen

Das Weingut und die Sklaverei

Tradition wird auf dem Weingut Vergelegen großgeschrieben. Schließlich werden auf dem auf Afrikaans als »abgelegen« bezeichneten Gut bereits seit 1685 Weintrauben, Obst und Gemüse angebaut. Bei einem Besuch des malerischen Anwesens kann sich der Gast von diesem Geschichtsbewusstsein überzeugen. Die Fundamente legte der niederländische Gouverneur von Kapstadt, Willem Adriaan van der Stel, Ende des 17. Jahrhunderts. Das ehemalige Haupthaus ist heute ein Museum. Das kostbare Mobiliar, die Bibliothek und die vielen Ölbilder lassen den damals adeligen Lebensstil reicher Gutsherren am Kap erahnen. Aber der Besucher wird auch ausführlich über die düsteren Seiten dieses Glanzes informiert. Bilder, Wandtafeln und Dokumente beschreiben die Rolle der Sklaven – ihre unbezahlte Arbeit und ihr Leben unter erbärmlichen Umständen –, die den Luxus, die Schönheit und den Erfolg des Guts überhaupt erst ermöglichten.

Vergelegen liegt nahe des Helderbergs inmitten der Weinregion, keine 40 Minuten Autofahrt von Kapstadt entfernt. Als besonders abgelegen – wie der Name sagt – würde das heute niemand empfinden. Das Weingut, inzwischen in US-amerikanischem Besitz, ist ein beliebtes Ausflugsziel vieler Kapstädter. Aufgrund dieser Popularität können es sich die Besitzer erlauben, eine (bescheidene) Eintrittsgebühr zu verlangen.

Die weitläufige, sehr gepflegte Parkanlage mit der über 300 Jahre alten Allee aus Kampferbäumen, den üppigen Rosen- und Kameliengärten sowie den penibel geschnittenen Rasenflächen und Hecken ist auch ein idealer Ort für ein Picknick. Körbe dazu inklusive der vielfach ausgezeichneten Weine des Hauses – wie der »Vergelegen Red« oder der »Vergelegen V« – sind im Restaurant erhältlich. Hier finden auch – meist klassische – Konzerte statt. 2008 trat hier sogar der amerikanische Popstar Celine Dion vor mehreren tausend Zuschauern auf.

Adresse Vergelegen Estate, Lourensford Road, Somerset West, Kapstadt 7130, Tel. +27/218471334, www.vergelegen.co.za | **Anfahrt** aus Kapstadt auf der N2 Richtung Somerset West, Ausfahrt Victoria Street, dann links auf die Main Road, rechts auf die Lourensford Road; Metrorail grüne Linie, Haltestelle Somerset West, dann aber noch etwa 50 Minuten Fußweg | **Öffnungszeiten** täglich 9.30–17 Uhr (Einlass nur bis 16 Uhr); Restaurant »Camphors« bis 21 Uhr | **Tipp** Die Olivenplantage Morgenster bietet interessante Oliven- und Ölproben. Man kann beides auch kaufen (von Vergelegen in die Lourensford Road, nächste Einfahrt rechts).

104_ Das Waterkloof

Das Restaurant im riesigen Glaskubus

Über Schönheit kann man streiten, über Einzigartigkeit nicht: Das Restaurant des Weinguts Waterkloof ist sicher eines der spektakulärsten Lokale der Region. Das imposante Glas-Beton-Gebäude mit den modernen Weinkellern tief im Bauch schmiegt sich an den Fynbos-überwucherten Hang des Schaapenbergs. Die moderne Architektur verblüfft. Wie ein futuristischer Fremdkörper wirkt der Bau in dieser Weinregion mit ihren kapholländisch geprägten Gutshäusern. Einheimische gaben dem 2009 übergebenen Gut den Namen »James Bond Estate«.

Aber das Konzept leuchtet ein: Angesichts der enormen Konkurrenz malerischer Weingüter imponiert Waterkloof mit einem mutigen Kontraststil, mit spannend gestalteten Gasträumen, in denen erstklassige französisch und südafrikanisch geprägte Menüs offeriert werden, alles einsehbar zubereitet in einer offenen Küche. Wer nur zur Weinprobe und zu kleinen Häppchen kommt, findet rund um einen nach allen Seiten offenen Rundkamin moderne schwarze Sessel und Sofas an eher bodenständigen Holztischen. Besucher des Restaurants im Glaskubus sitzen an weiß gedeckten Tischen mit einem phantastischen Blick bis hin zur False Bay. Immer wieder werden hier Kunstwerke renommierter Galerien, wie beispielsweise der Kapstädter Everard Read Gallery, ausgestellt.

Entworfen hat das Waterkloof der australische Architekt Mitch Hayhow. Das Gebäude mit seinen zehn Meter hohen Glaswänden sollte die Philosophie des Weinguts widerspiegeln, das mit seiner biodynamischen Herstellung wirbt: »Ehrlichkeit, Transparenz und Authentizität«. Die Winzer betonen, dass sie keinerlei Sprühmittel, mechanische Erntemaschinen und Konservierungsstoffe verwenden. Dem südafrikanischen Architekten Frank Bohm gelang die ungewöhnliche Innengestaltung mit großen, handgefertigten, gedrehten Kupferleuchten und dem selbst im Sommer angenehm flackernden Kamin.

Adresse Waterkloof Wine Estate, Old Sir Lowry's Pass Road, Somerset West, Kapstadt 7129, Tel. +27/218581491, www.waterkloofwines.co.za | **Anfahrt** mit dem Pkw aus Kapstadt kommend die Schnellstraße N2 nach Somerset West, dort im Ort links auf die Main Road, am Ende der Straße rechts auf die Old Sir Lowry's Pass Road | **Öffnungszeiten** ganzjährig geöffnet (außer 16. Juni – 16. Juli) Okt. – April Mo – Sa 12 – 14 und 19 – 21 Uhr, So 12 – 14 Uhr; Mai – Sept. Mi – Sa 12 – 14 und 19 – 21 Uhr, So 12 – 14 Uhr | **Tipp** Adler und andere Greifvögel mit Vorführungen gibt es auf dem Weingut Spier, Spier Estate, in der Lynedoch Road (R 310) in Stellenbosch zu sehen (www.eagle-encounters.co.za).

105__Die Weinroute

Die Weingüter jenseits des Tafelbergs

Weine aus dem Constantia-Tal waren schon vor Jahrhunderten beim europäischen Hochadel heiß begehrt, und noch heute zählen die Hausweine der Kapstädter zu den besten Tropfen des Landes, die schönen Weingüter zu den beliebtesten Ausflugszielen.

Schon bald nach seiner Ankunft 1652 realisierte Kapstadts Begründer Jan van Riebeeck, dass das milde mediterrane Klima und die Böden sich bestens für Weinanbau eignen. Also ließ er Rebstöcke importieren. Nach anfänglichen Pleiten wurden dank der aus Frankreich eingewanderten Hugenotten weiträumige Anbauflächen kultiviert. Groot Constantia, das sich nicht ganz unumstritten das älteste Weingut des Landes nennt, beeindruckte zunächst mit Süßweinen. Unter den Kunden waren die Kellermeister von Kaiser Napoleon oder Deutschlands Reichskanzler Bismarck. 1833 kaufte das damalige Königshaus Frankreichs den gesamten Jahrgang auf.

Für Kapstädter sind die Güter in Constantia quasi um die Ecke. Mit dem Auto braucht man nur 15 Minuten in die sanft geschwungenen Hügel südlich des Tafelbergs. Entlang der etwa 20 Kilometer langen »Weinroute Constantia«, die aus mehreren Straßen besteht, liegen zehn Weingüter, die fast alle für Weinproben geöffnet sind. Obwohl mehr als 400.000 Touristen im Jahr Groot Constantia besuchen, wirkt das weitläufige Areal mit der Eichenallee, dem kapholländischen Herrenhaus, dem Museum und den zwei Restaurants selten überlaufen. Einen Tisch im schattigen Park vor dem »Jonkerhuis«-Restaurant sollte man allerdings rechtzeitig reservieren.

Das Uitsig-Weingut wirbt mit komfortablem Gästehaus und dem international gerühmten Feinschmeckerlokal »La Colombe«. Ein Fünf-Sterne-Hotel mit Spa befindet sich im Weingut Steenberg, in dessen parkähnlichen Anlagen moderne Skulpturen verstreut sind. Steenbergs Restaurant gehört ebenso in die Liste feiner, anspruchsvoller Lokale wie das Restaurant im eleganten Weingut Buitenverwachting.

Adresse Groot Constantia, Groot Constantia Road, Kapstadt 7806, Weinroute: www.constantiavalley.com/vineyards | **Anfahrt** von Kapstadt mit dem Pkw M 3 Richtung Muizenburg, Abfahrt Constantia; »Hop on-hop off«-Bus durch das Constantia-Tal (Wine Tour of Constantia Valley) | **Öffnungszeiten** große Weingüter 9–18 Uhr, Restaurants bis 22 Uhr | **Tipp** Auf dem Produzentenmarkt »Porter Estate Produce Market« im Wald des Stadtteils Tokai gibt es neben Erzeugerprodukten, Kunsthandwerk und originellen Imbiss-gelegenheiten oft auch Livekonzerte lokaler Gruppen (Sa 9–13 Uhr, Chrysalis Academy Grounds, Porter Estate).

106___ Der Wein-Zug

In der historischen Bahn durch die Weinberge

Die historische »Wine Tram« von 1890 ist keine Party-Bahn, und doch ist die Fahrt mit ihr eine Reise ins Vergnügen. Zwar wird an Bord der pittoresken Schienenfahrzeuge und Busse kein Alkohol gereicht, dafür aber kann man beim gemächlichen Tuckern durch die malerische Kulisse eine kleine Verschnaufpause zwischen den verführerischen Weinproben einlegen. Zudem werden in den luftigen, offenen Großwagen Geschichte und Besonderheiten der Weinregion erläutert.

An den einzelnen Stationen der über 120 Jahre alten »Wine Tram« und der eigens umgebauten Busse gibt es ausreichend Zeit, sich an Wein, kulinarischen Kleinigkeiten oder auch einem ausgiebigen Mittagessen zu erfreuen. Neben Weinverkostungen, die sich selbst beim Probieren exquisiter Weine preislich im Rahmen halten, werden auch Touren durch die Weinkeller angeboten. Natürlich kann man es sich auch einfach auf den wunderschönen, sorgsam gepflegten Gütern mit den typisch kapholländischen Gebäuden gemütlich machen.

Im Kartenbüro der »Wine Tram« hat man die Wahl zwischen der »blauen« und der »roten Linie«. Die »Hop on-hop off«-Touren starten zwischen 10 und 13.30 Uhr. Sie unterscheiden sich in Dauer und Zahl der Stopps. Aber alle Exkursionen führen gemächlich und bequem durch die lieblichen, sanft geschwungenen Weinberge Franschhoeks. Die Passagiere dürfen sich auch aussuchen, wie lange sie an einem Ort verweilen. Wer länger bleiben möchte, nimmt den nächsten Bus oder wartet auf die nächste Bahn. Man kann beliebig oft ein- und aussteigen.

Es ist ein Eintauchen in die vor allem von Hugenotten geprägten Weingüter, die hier vor 300 Jahren siedelten und ihre reichen Weinexpertisen aus Frankreich mitbrachten. Die angesteuerten Weingüter, wie La Couronne und Moreson oder Leopard's Leap und Chamonix, haben alle einen sehr guten Ruf. Kaufen kann man den Wein natürlich auch, für Tour-Teilnehmer sogar mit Rabatt.

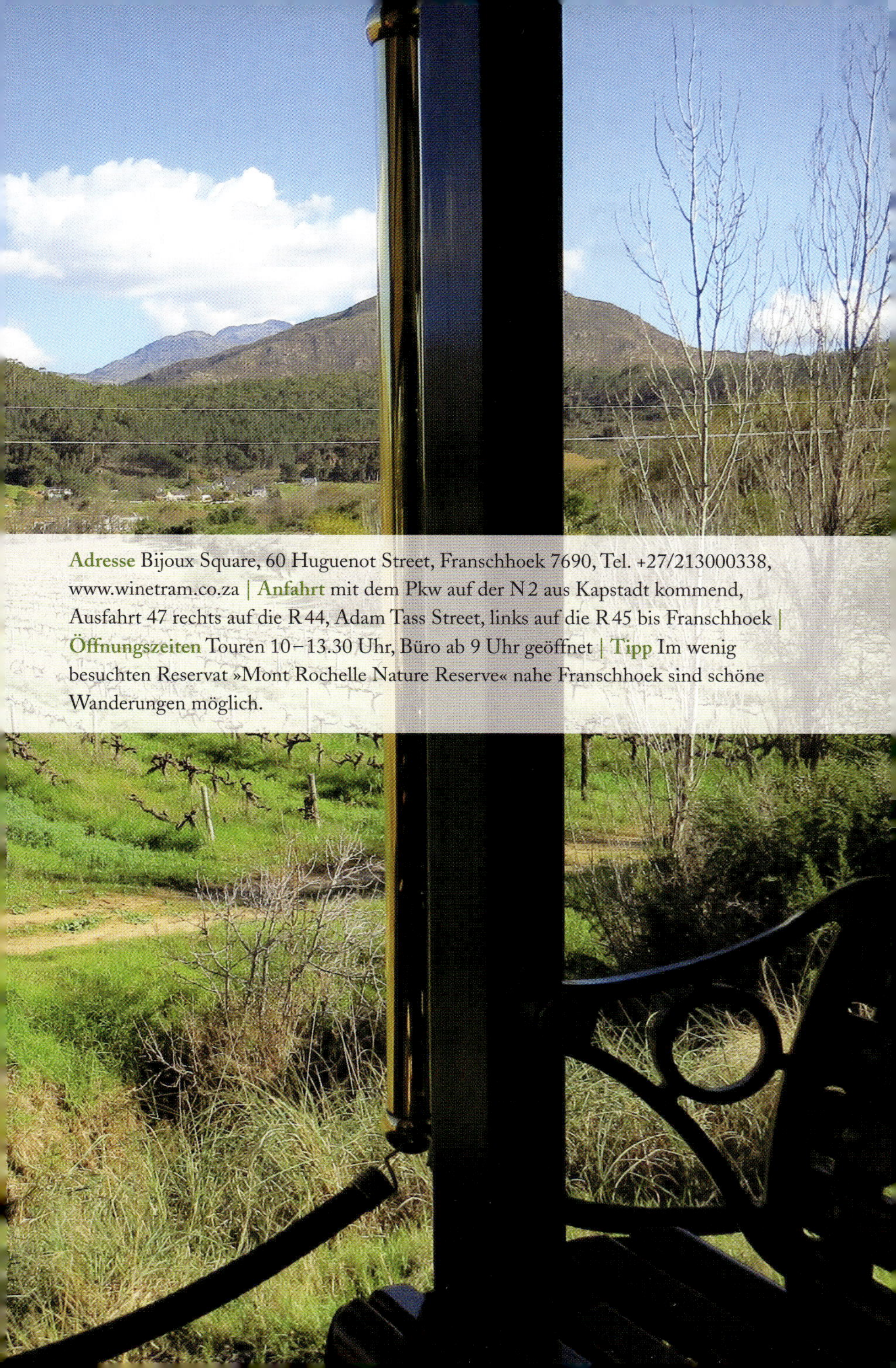

Adresse Bijoux Square, 60 Huguenot Street, Franschhoek 7690, Tel. +27/213000338, www.winetram.co.za | **Anfahrt** mit dem Pkw auf der N 2 aus Kapstadt kommend, Ausfahrt 47 rechts auf die R 44, Adam Tass Street, links auf die R 45 bis Franschhoek | **Öffnungszeiten** Touren 10–13.30 Uhr, Büro ab 9 Uhr geöffnet | **Tipp** Im wenig besuchten Reservat »Mont Rochelle Nature Reserve« nahe Franschhoek sind schöne Wanderungen möglich.

107 __ Der Weiße Kreis

Der Mittelpunkt der Stadt

Der Mittelpunkt der Stadt befindet sich am Greenmarket Square, genauer gesagt unmittelbar vor dem Alten Stadthaus, dem ersten Rathaus Kapstadts. Auf der kleinen Außenveranda dieses zwischen 1755 und 1761 im sogenannten Kap-Rokoko-Stil erbauten, zweistöckigen Hauses mit seinem Säulenvorbau, den drei markanten Eingangsbögen sowie dem kunstvoll verzierten Glockenturm gibt es gut sichtbar einen weißen Kreis, eingelassen in den Boden, umgeben von rötlich-braunen, mosaikartig verlegten Steinen. Von hier aus soll die Stadt vermessen, sollen die Entfernungen zum Meer hin und ins Hinterland festgelegt worden sein.

Historisch belegt ist diese Funktion des Weißen Kreises nicht. Für Kenner der Geschichte Kapstadts und den Verantwortlichen des Alten Stadthauses aber besteht kein Zweifel daran, dass der Kreis 1761 aus diesem Grund im Boden ausgespart wurde. Ein Hinweisschild auf den weißen Punkt und seine Bedeutung sucht man aber bis heute vergeblich.

Steht man auf diesem eigentlich unspektakulären Rund vor dem Eingang zum Old Town House, bewegt man sich in doppelter Hinsicht auf historischem Terrain. Denn das Old Town House war das erste öffentliche Gebäude der Stadt und bis 1905 deren Rathaus. Es verlor diese Funktion mit dem Bau der im viktorianischen Stil errichteten City Hall am Grand Parade, dem einstigen militärischen Paradeplatz. Seit 1916 ist das Old Town House ein Ort der Kultur. Es beherbergt die 1914 von Sir Max Michaelis (1852–1932) der Stadt geschenkte Sammlung bedeutender holländischer und flämischer Meister des 17. Jahrhunderts mit Werken von Anton van Dyck und Frans Hals, ergänzt durch immer wieder wechselnde Ausstellungen. Im lauschigen Innenhof des Gebäudes steht eine Büste des deutschstämmigen Bankiers und Stifters der Kunstsammlung. Hier gibt es auch ein gemütliches Café, eine Oase der Besinnung am ansonsten eher hektischen Greenmarket Square.

Adresse Old Town House, Greenmarket Square, City, Kapstadt 8000, Tel. +27/214813933, www.iziko.org.za | **Anfahrt** mit dem Pkw über die Long Street oder Adderley Street kommend zwischen der Longmarket und Shortmarket Street gelegen; Bus 101, Haltestelle Longmarket; »Hop on-hop off«-Bus, Haltestelle Long Street Tour Office | **Öffnungszeiten** Ausstellung: Mo–Sa 10–17 Uhr | **Tipp** Am Übergang von der Adderley zur Heerengracht Street stehen die beiden Denkmäler von Jan van Riebeeck und seiner Frau Maria.

108_ Der Wilderer

Der berühmteste Schnapsbrenner ist Deutscher

Weingüter gibt es rund um Kapstadt zahlreich, ein geradezu paradiesischer Zustand für den, der Weinproben auch im Freien liebt. Sucht man aber einen Hersteller ausgefallener und edler Schnäpse und Brände, tut man sich schwer – und das in dieser üppigen Wein- und Obstregion! Das hat wahrscheinlich auch Helmut Wilderer gewundert, als er beschloss, hier am Kap das zu tun, was er am besten kann: Schnäpse produzieren. Mitte der 1990er Jahre zog Wilderer, der sein Handwerk in Deutschland und Österreich von der Pike auf gelernt und lange Zeit im Badischen ein gutes Restaurant geführt hat, nach Südafrika. Sein Ziel: das Brennen erstklassiger Schnäpse, denn in Südafrika war gerade das staatliche Monopol für Schnapsbrennen gefallen. Wilderer erhielt 1995 die erste private Lizenz für eine Brennerei. Es war naheliegend, sich in einer Weinregion auf Traubendestillate und Tresterbrände zu konzentrieren, auf Grappa also. Dieser wurde zur Spezialität des Deutschen, in diesem Segment hat es Wilderer zur Meisterschaft und einem Ruf weit über die Kap-Region hinaus gebracht.

Anfänglich betrieb er seine Brennerei in Stellenbosch, 2000 zog es ihn ins Weinanbaugebiet nach Paarl. Seine Erfolgsgeschichte wurde mit zahlreichen internationalen Medaillen und Awards bedacht. Neben den Grappas, vor allem aus der typisch südafrikanischen Rebsorte Pinotage, stechen die zahlreichen Obstbrände und Wilderers Fynbos, ein Herbbitter aus mehr als 30 Kräutern der Kap-Region, hervor.

Gemeinsam mit Sohn Christian betreibt er neben der Destillerie nahe der R45 das Restaurant »Pappa Grappa«, das zu einem Geheimtipp wurde. 2013 eröffnete Wilderer ein zweites Lokal auf der Spice Route Farm, ebenfalls nahe Paarl. Die Anlagen für seine Hightech-Destillerie lässt er übrigens aus Deutschland kommen – von der Kothe-Destillationstechnik, einem Experten für Brennereianlagen aus Baden-Württemberg.

Adresse Wilderer Distillery, R 45, Simondium, Paarl 7670, Tel. +27/218633555, www.wilderer.co.za | **Anfahrt** mit dem Pkw R 45 (Weinstraße) 3 Kilometer außerhalb von Paarl in Richtung Franschhoek | **Öffnungszeiten** Di−Sa 11.30−21 Uhr, So 11.30−17 Uhr | **Tipp** Unmittelbar am Bahnhof von Paarl findet man die 1918 gegründete Kooperatiewe Wijnbouwers Vereeniging (KWV), die größte südafrikanische Winzergenossenschaft. Ein Besuch der KWV-Kellereien mit Touren und Weinproben lohnt unbedingt.

109__ Das Wildreservat
Afrikas Tierwelt unweit von Kapstadt

Kapstadt ist nicht der beste Ort Südafrikas, um der afrikanischen Tierwelt nahe zu kommen, es gibt keine Garantie, hier in freier Natur die »großen Fünf«, den Löwen, den Elefanten, das Nashorn, den Büffel und den Leoparden, zu sehen. Vor allem mit dem riesigen Krüger-Nationalpark im Nordosten des Landes kann kaum einer der vielen durchaus schönen Wildparks konkurrieren. Aber auch nahe Kapstadt gibt es Wildparks, die beeindruckende Natur- und Tiererlebnisse möglich machen. Nur eine gute Autostunde entfernt befindet sich im Savannengebiet nahe Darling das »Buffelsfontein Game & Nature Reserve«.

Im malariafreien Wildpark werden täglich zweimal jeweils dreistündige Safaris in größeren Geländewagen angeboten. Auf dem »Game Drive« hat man gute Chancen, einige der hier lebenden Giraffen, Büffel, Löwen, Zebras, Antilopen, Gnus, Geparden und Strauße zu sehen. Erfahrene Wildhüter informieren über Lebensgewohnheiten des Wildes. Manche Tiere leben allerdings nicht frei, sondern in Gehegen und werden für Touristen mit Futter an die Zäune gelockt.

Früher war das etwa 1.600 Hektar große Gelände eine Viehfarm. 1993 wurde es von einem privaten südafrikanischen Investor zu einem gepflegten Touristenressort mit Restaurant, komfortablen Unterkünften und Swimmingpool umgestaltet, allerdings mangels ausreichender Sicherheitszäune mit nur geringem Wildbestand. Im heißen Sommer 2000 wütete ein verheerendes Buschfeuer und zerstörte die Anlagen, viele Tiere starben. Aber relativ bald wurde alles wiederaufgebaut, dank des deutlich erweiterten Tierbestands entstand ein großes, attraktives Wildreservat. Es verfügt heute über kleine Gästehäuser in einem malerisch im Grasland gelegenen Buschcamp.

Alle Quartiere befinden sich in der Nähe von Wasserlöchern, zu denen die Tiere in der Dämmerung morgens und abends zum Trinken kommen.

Adresse Buffelsfontein Farm, West Coast Road, Darling 7345, Tel. +27/224512824, www.sa-venues.com | **Anfahrt** mit dem Pkw von Kapstadt die R 27, nach Abfahrt Darling auf der rechten Seite; der Wildpark organisiert auf Anfrage auch einen Shuttle-Service zum Reservat und zurück | **Öffnungszeiten** Safaris um 9 und 14 Uhr | **Tipp** Das Hildebrand Monument in Darling (Kraalbosdam Farm, Burgherspan Road) erinnert an die Kämpfe zwischen Buren und Briten im Zweiten Burenkrieg, es wurde 1939 für den burischen Truppenführer C.P. Hildebrand errichtet.

110 Das WM-Stadion

Als wäre am Green Point ein Ufo gelandet

Mit Festbeleuchtung wirkt das Stadion wie ein geheimnisvolles Raumschiff. Es ist eine faszinierende Arena, aber die Kapstädter lieben sie nicht. Sie wollten das Stadion nie haben, nicht die Anwohner, nicht die Fußballfans, nicht die Politiker. Minister der Provinz sagen, der Fußballweltverband FIFA habe der Stadt vor der WM 2010 die Pistole auf die Brust gesetzt. Dabei fällt auch der Name Franz Beckenbauer.

Einen Umbau alter Stadien in weniger attraktiven Vierteln lehnte die FIFA ab. Für Finalrundenspiele brauche es einen Neubau. Also wurde die spektakuläre Arena für 400 Millionen Euro hochgezogen. Die WM-Höhepunkte blieben nicht aus. Hier jubelte auch Kanzlerin Angela Merkel im Viertelfinale über den spektakulären 4:0-Sieg Deutschlands gegen Argentinien.

Aber alle wussten, dass das Stadion mit seinen heute 55.000 Sitzplätzen enorme Folgekosten haben und viel zu selten genutzt werden würde. Denn die Fußballer von Ajax Cape Town oder die Rugbyspieler der »Stormers« tragen ihre Spiele lieber in den traditionellen Stadien des Arbeiterviertels Athlone oder des Vorortes Newlands aus. Nur selten gibt es Großereignisse im neuen Cape Town Stadium. Etwa, wenn Justin Bieber, Bon Jovi, U2, Coldplay oder die größte Schwulenparty Afrikas Massen anziehen. Ansonsten aber ähnelt die Arena einem »weißen Elefanten«. So werden in Afrika unsinnige, überdimensionierte Großprojekte bezeichnet.

Seit Jahren zerbrechen sich die Stadtväter den Kopf, wie die Millionendefizite aufgefangen werden können. Gescheitert ist der Plan, im Stadion ein gigantisches Shoppingcenter mit Restaurants, Bars, Tagungsräumen und Büros einzurichten. Der Gewerkschaftsverband Cosatu provozierte mit dem Vorschlag, das Stadion, mitten im Vergnügungsviertel mit teuren Apartmenthäusern und Luxushotels gelegen, zu Billigunterkünften für Arme umzubauen. Viele plädieren dafür, es einfach abzureißen.

Adresse 1 Fritz Sonnenberg Road, Green Point, Kapstadt 8051, Tel. +27/214170120 |
Anfahrt wenige 100 Meter von der Waterfront entfernt, mit dem Pkw vom Zentrum auf
M5 (Helen Suzman Boulevard), im Kreisverkehr rechts, dann links in die Fritz Sonnen-
berg Road; Bus 106, Haltestelle Stadium, »Hop on-hop off«-Bus, Haltestelle Green Point
and Urban Park | **Öffnungszeiten** mehrfach täglich Führungen, etwa 90 Minuten lang;
eine VIP-Lounge lässt sich für private Feste, Geburtstage oder Hochzeiten mieten | **Tipp**
Gleich nebenan liegt der Green Point Park Biodiversity Showcase Garden mit Picknick-
tischen und einem Abenteuerspielplatz. Zur Meerseite hin liegt der Metropolitan Golfclub
mit attraktivem Clubhaus. Neben dem Stadion kann man ins Fort Wyngard hineinsehen.

111 Das Zip Zap

Integration auf spielerische Weise

Es ist eher die kleine Zirkuskunst, die in dem mächtigen, 22 mal 35 Meter großen Zip-Zap-Zeltbau im Herzen Kapstadts dargeboten wird. Auch wenn der Zirkus regelmäßig mit Veranstaltungen Einheimische wie Touristen anlockt, Magier, Trapezkünstler und Seiltänzer Attraktionen privater Feste oder von Kindergeburtstagen im Festzelt sind, ist Zip Zap kein kommerzieller Betrieb, sondern eher eine soziale Einrichtung.

1992 wurde sie von den Akrobaten Laurence Estève und Brent van Rensburg gegründet, um junge Menschen zu inspirieren. Sie sollen für die Idee des friedlichen Zusammenlebens der Rassen in der südafrikanischen »Regenbogengesellschaft« begeistert werden. Zip Zap will zwar auch Zirkustalente entdecken und fördern, gleichzeitig aber spielerisch und phantasievoll Kinder aus allen Schichten zusammenbringen. »Wir wollen ihnen helfen, Träume zu wagen und die Kultur der friedlichen Koexistenz zu leben«, beschreiben die Gründer ihr Projekt.

Kinder und Jugendliche, manche von ihnen mit schwierigem sozialen Hintergrund, lernen hier in kostenlosen Kursen die Künste von Clowns, Jongleuren oder Akrobaten. Manche der Sieben- bis 18-Jährigen werden aber auch medizinisch betreut und regelmäßig über HIV, eine Geißel Südafrikas, informiert. Auch Straßenkinder und problematische Jugendliche finden bei Zip Zap eine Anlaufstelle. Manche bleiben dauerhaft: Kinder ohne Familien leben in Zip-Zap-Unterkünften, besuchen umliegende Schulen und können eine Berufsausbildung als Tänzer, Schreiner, Kostümdesigner oder Theatermanager starten.

Finanziert wird die Einrichtung von privaten Spendern, von Unternehmen und humanitären Organisationen, auch aus Europa. Der weltberühmte »Cirque du Soleil« unterstützt das Projekt ebenfalls, die hier zu Akrobaten ausgebildeten »Baker Boys« erhielten 2002 in Monte Carlo den internationalen Zirkuspreis.

Adresse Zip Zap Circus School, Founders Garden, Jan Smuts Street, City, Kapstadt 8001, Tel. +27/214218622, www.zip-zap.co.za | **Anfahrt** mit dem Pkw vom Stadtzentrum in die Adderley Street, dann rechts Hertzog Boulevard, 2. Straße links in Civic Avenue, wird zu Jan Smuts Street; Bus 101/104/106/107, Haltestelle Forshore; »Hop on-hop off«-Bus, Haltestelle Foreshore | **Öffnungszeiten** Vorführungen unregelmäßig, Fr und Sa Zirkusschule für Schüler und Jugendliche, Anmeldung erforderlich | **Tipp** Ganz in der Nähe in der Malan Street liegt das Artscape Theatre Centre (Foreshore, Tel. +27/214109800, www.artscape.co.za).

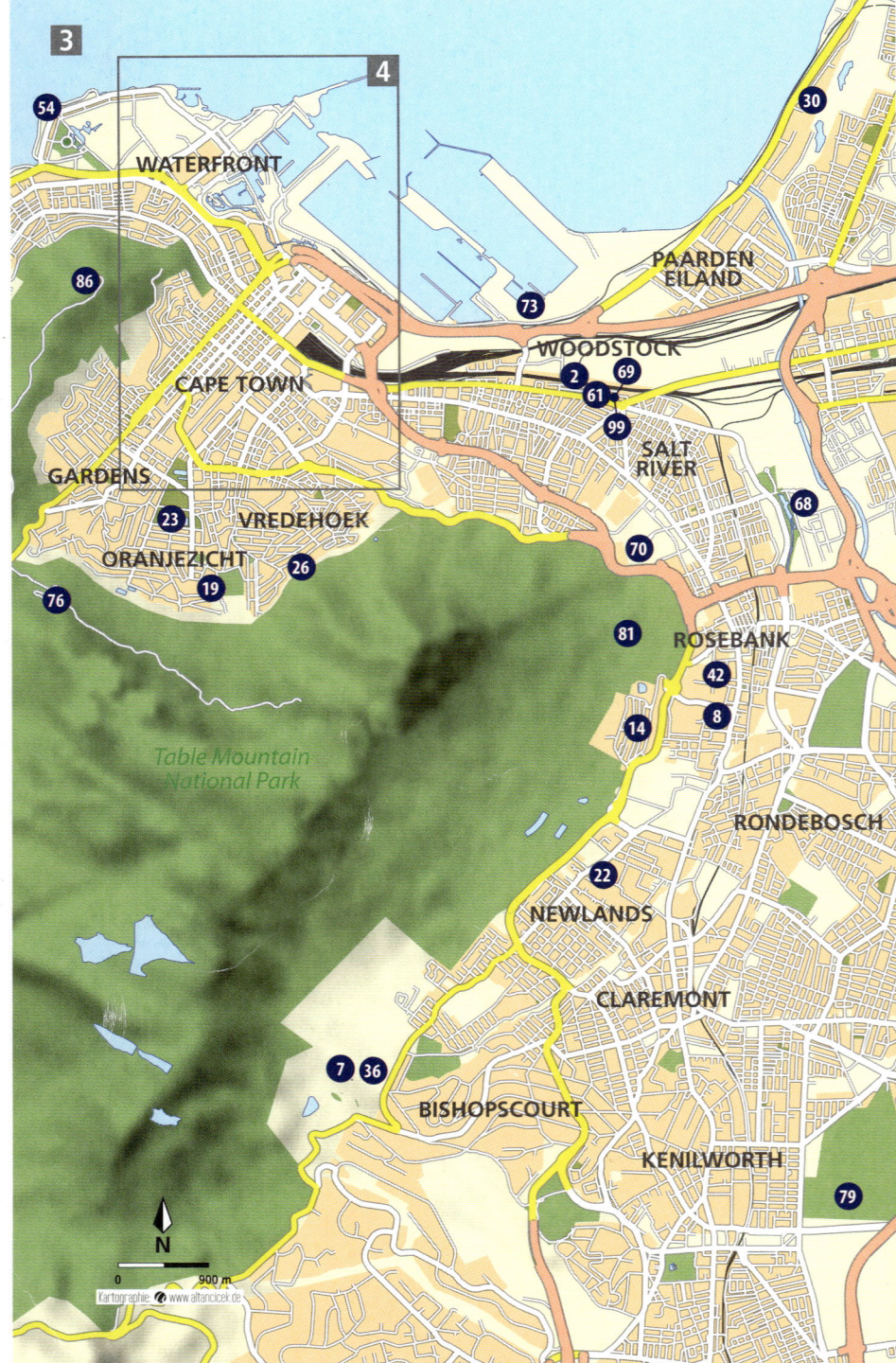

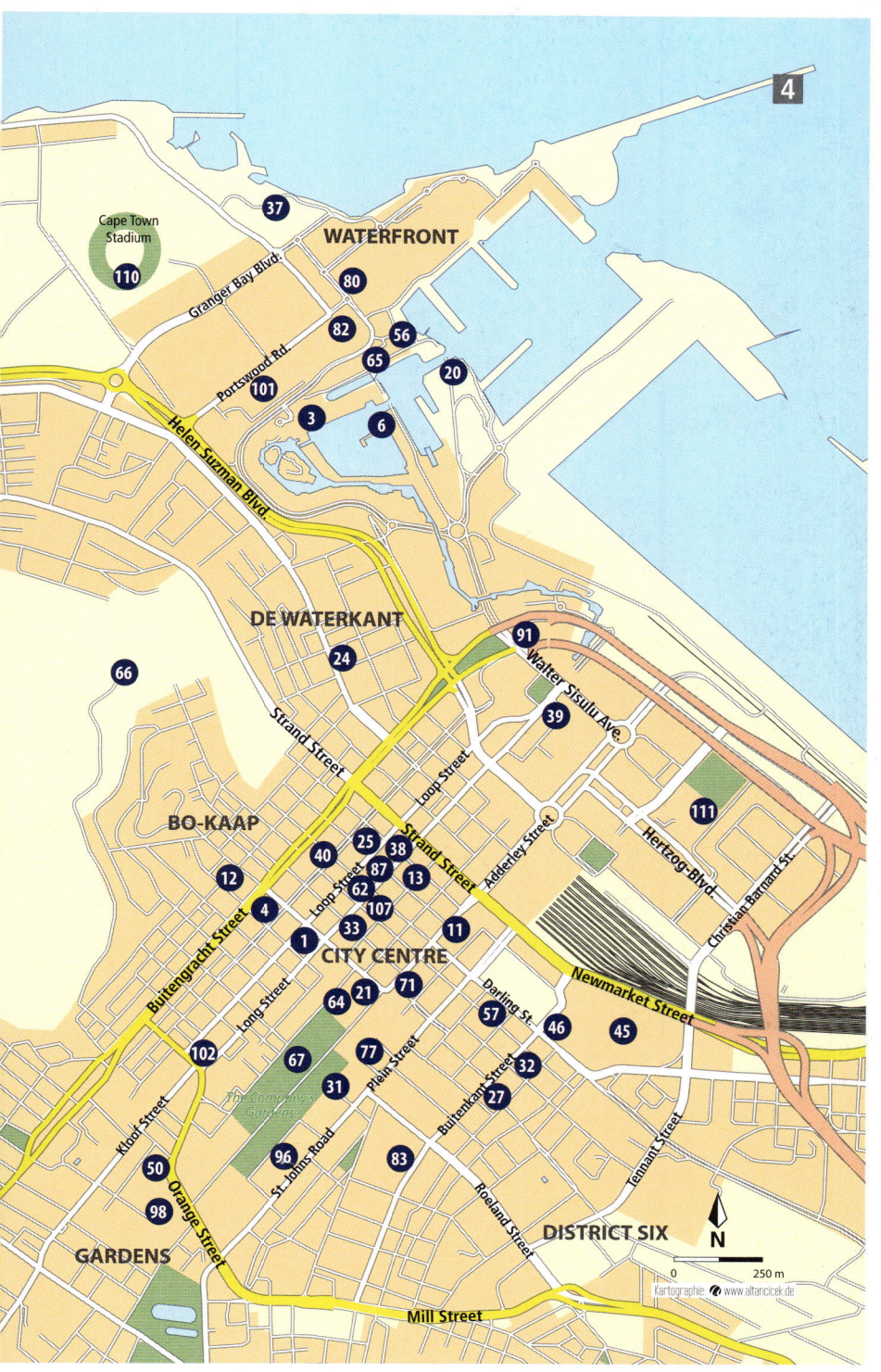

Rüdiger Liedtke
**111 Orte auf Mallorca, die
man gesehen haben muss**
ISBN 978-3-89705-975-7

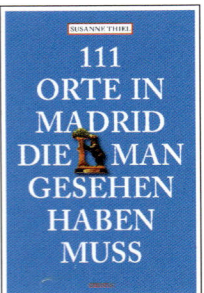

Susanne Thiel
**111 Orte in Madrid, die man
gesehen haben muss**
ISBN 978-3-95451-118-1

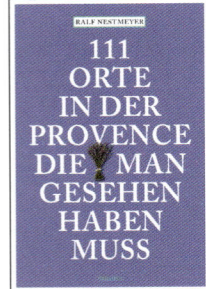

Ralf Nestmeyer
**111 Orte in der Provence, die
man gesehen haben muss**
ISBN 978-3-95451-094-8

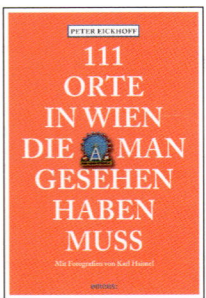

Peter Eickhoff
**111 Orte in Wien, die
man gesehen haben muss**
ISBN 978-3-89705-969-6

Stefan Spath
**111 Orte in Salzburg, die
man gesehen haben muss**
ISBN 978-3-95451-114-3

Beate C. Kirchner,
Jorge Vasconcellos
**111 Orte in Rio de Janeiro, die
man gesehen haben muss**
ISBN 978-3-95451-843-2

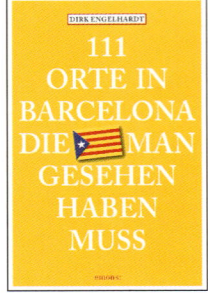

Dirk Engelhardt
**111 in Barcelona, die man
gesehen haben muss**
ISBN 978-3-95451-066-5

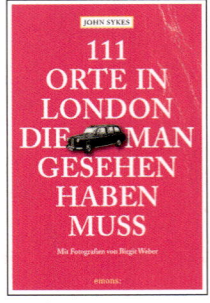

John Sykes
**111 Orte in London, die
man gesehen haben muss**
ISBN 978-3-95451-117-4

Annett Klingner
**111 Orte in Rom, die
man gesehen haben muss**
ISBN 978-3-95451-219-5

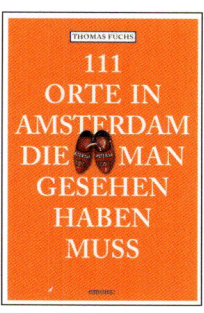

Thomas Fuchs
111 Orte in Amsterdam, die man gesehen haben muss
ISBN 978-3-95451-209-6

Stefan Spath, Gerald Polzer
111 Orte im Salzkammergut, die man gesehen haben muss
ISBN 978-3-95451-231-7

Christiane Bröcker, Babette Schröder
111 Orte in Stockholm, die man gesehen haben muss
ISBN 978-3-95451-203-4

Sabine Gruber, Peter Eickhoff
111 Orte in Südtirol, die man gesehen haben muss
ISBN 978-3-95451-318-5

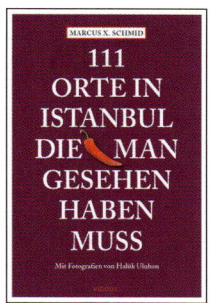

Marcus X. Schmid
111 Orte in Istanbul, die man gesehen haben muss
ISBN 978-3-95451-333-8

Gerd Wolfgang Sievers
111 Orte in Venedig, die man gesehen haben muss
ISBN 978-3-95451-352-9

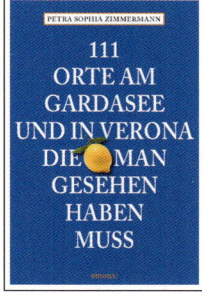

Petra Sophia Zimmermann
111 Orte am Gardasee und in Verona, die man gesehen haben muss
ISBN 978-3-95451-344-4

Eckhard Heck
111 Orte in Maastricht, die man gesehen haben muss
ISBN 978-3-95451-368-0

Gerd Wolfgang Sievers
111 Orte im Burgenland, die man gesehen haben muss
ISBN 978-3-95451-229-4

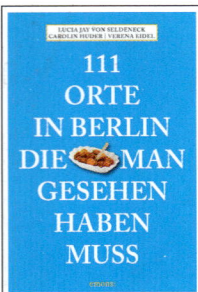

Lucia Jay von Seldeneck,
Carolin Huder, Verena Eidel
**111 Orte in Berlin, die
man gesehen haben muss**
ISBN 978-3-89705-853-8

Peter Eickhoff
**111 Düsseldorfer Orte, die
man gesehen haben muss**
ISBN 978-3-89705-699-2

Bernd Imgrund
**111 Kölner Orte, die man
gesehen haben muss**
Band 1
ISBN 978-3-89705-618-3

Rüdiger Liedtke
**111 Orte in München, die
man gesehen haben muss**
Band 1
ISBN 978-3-89705-892-7

Rüdiger Liedtke
**111 Orte in München, die
man gesehen haben muss**
Band 2
ISBN 978-3-95451-043-6

Rüdiger Liedtke
**111 Orte in München,
die Geschichte erzählen**
ISBN 978-3-95451-221-8

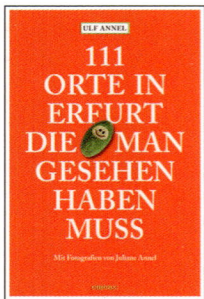

Ulf Annel
**111 Orte in Erfurt, die man
gesehen haben muss**
ISBN 978-3-95451-022-1

Oliver Schröter
**111 Orte in Sachsen, die
man gesehen haben muss**
ISBN 978-3-95451-021-4

Reiner Vogel
**111 Orte in Regensburg, die
man gesehen haben muss**
ISBN 978-3-95451-054-2

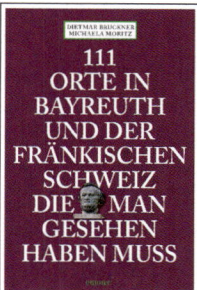

Dietmar Bruckner und
Michaela Moritz
**111 Orte in Bayreuth und der
Fränkischen Schweiz, die man
gesehen haben muss**
ISBN 978-3-95451-130-3

Christina Kuhn und
Christian Löhden
**111 Orte in der Pfalz, die man
gesehen haben muss**
ISBN 978-3-95451-085-6

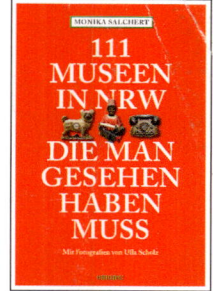

Monika Salchert
**111 Museen in NRW, die
man gesehen haben muss**
ISBN 978-3-95451-107-5

Stefanie Jung
**111 Orte in Rheinhessen,
die man gesehen haben muss**
ISBN 978-3-95451-082-5

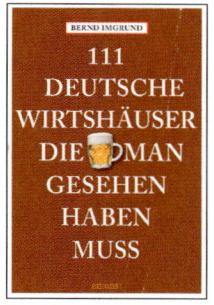

Bernd Imgrund
**111 deutsche Wirtshäuser, die
man gesehen haben muss**
ISBN 978-3-95451-080-1

Cornelia Kuhnert
**111 Orte in Hannover, die
man gesehen haben muss**
ISBN 978-3-95451-086-3

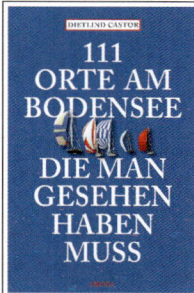

Dietlind Castor
**111 Orte am Bodensee, die
man gesehen haben muss**
ISBN 978-3-95451-063-4

Ralf Koss und Stefanie Kuhne
**111 Orte im Bergischen Land,
die man gesehen haben muss**
ISBN 978-3-95451-027-6

Bernd Imgrund
**111 Orte in der Eifel, die
man gesehen haben muss**
ISBN 978-3-95451-003-0

Fotonachweis

Alle Fotos © Rüdiger Liedtke und © Laszlo Trankovits, außer den Orten 17 (iStockphoto.com/DanComaniciu), 26 (Markus Schönherr), 61 (Kristin Palitza), 77 (Picture: ParliamentofRSA).

Fotos © Rüdiger Liedtke der Orte 1, 3, 4, 5, 9, 10, 11, 12, 15, 16, 18, 20, 21, 23, 25, 27, 29, 37, 38, 39, 40, 41, 45, 47, 49, 50, 53, 54, 56, 57, 58, 63, 64, 65, 66, 67, 69, 70, 71, 73, 74, 76, 79, 80, 81, 82, 83, 86, 87, 90, 91, 94, 95, 96, 97, 98, 99, 100, 102, 104, 107, 108, 110

Fotos © Laszlo Trankovits der Orte 2, 6, 7, 8, 13, 14, 19, 22, 24, 28, 30, 31, 32, 33, 34, 35, 36, 42, 43, 44, 46, 48, 51, 52, 55, 59, 60, 62, 68, 72, 75, 78, 84, 85, 88, 89, 92, 93, 101, 103, 105, 106, 109, 111

Unser besonderer Dank gilt Susanne Schubert. Dank auch an Klaus Neumann, Kristin Palitza und Markus Schönherr.

Die Autoren

Rüdiger Liedtke, Autor und Journalist, hat es schon viele Male ans Kap verschlagen. In der 111er-Reihe sind von ihm die Bücher über München und Mallorca erschienen. www.ruediger-liedtke.de

Laszlo Trankovits, Journalist und Autor, war bis 2014 Korrespondent und Afrikachef der Deutschen Presse-Agentur (dpa) in Kapstadt.